RÉFUTATION
DU LIVRE
DE L'ESPRIT.

RÉFUTATION
DU LIVRE
DE L'ESPRIT,

Prononcée au Lycée Républicain, dans les Séances des 26 et 29 Mars et des 3 et 5 Avril.

Par Jean-François LAHARPE.

Insanire docet certâ ratione modoque.
Hor.

Par lui la déraison est réduite en système.

A PARIS,
Chez MIGNERET, Imprimeur, rue Jacob, N.° 1186.

An 5. — 1797.

AVANT-PROPOS.

JE m'acquitte de l'engagement que j'avais pris de publier séparément (1) cette Réfutation d'Helvétius, afin de mettre le public à portée d'apprécier les éloges qu'on lui a récemment prodigués dans quelques journaux, et la censure que j'en avais faite au Lycée en 1788. Cette date suffit pour avertir que tout ce qui peut être relatif à la révolution, a été nouvellement ajouté à ce morceau ; mais ces additions ne portent que sur les conséquences qu'elle a pu me fournir, et je n'ai pas été dans le cas de

(1) Ce morceau est détaché de la partie du Cours de Littérature, où je traite de la philosophie du 18e siècle. La première partie de ce Cours, celle qui contient la Littérature ancienne, et qui forme trois volumes, est actuellement sous presse, et paraîtra sous peu.

fortifier la discussion par un seul argument nouveau : j'aurais été plutôt embarrassé de la surabondance que de la disette de preuves.

J'ai lieu de croire qu'on n'essayera pas plus la méthode du raisonnement contre ce nouvel écrit, que contre le dernier que j'ai fait paraître sur le *Fanatisme*. Mais les juges désintéressés remarqueront sans doute cette marche habituelle de la secte que je combats, de crier contre l'auteur, quand l'ouvrage la réduit au silence. Il est vraiment plaisant que des *philosophes*, des raisonneurs par état aient une si mortelle frayeur des luttes du raisonnement. Comment ne craignent-ils pas que cette conduite, la même dans tous les temps et par les mêmes motifs, ne devienne, dès qu'elle sera examinée dans toutes ses circonstances, la révélation de leur faiblesse ? Comment des hommes qui ne parlent jamais qu'au nom de la *raison*, quand ils parlent tout seuls, deviennent-ils tout-à coup incapables de raisonner, dès qu'ils ont un contradicteur ? Quoi ! c'est à des *philosophes* qu'il faut redire que des injures ne sont, en aucun sens, des armes philosophiques ?

. . . . Si j'ai raison, qu'importe qui je sois ?

NICOMÈDE.

Quand je serais un *ambitieux*, un *hypocrite*, un *capucin*, un *fanatique*, ce qu'assurément je leur permets de dire, et même de croire, ils n'en auraient que plus beau jeu à me réfuter. Que ne l'essayent-ils ? Le mépris même qu'ils auraient pour l'auteur, ne serait pas une excuse suffisante de leur silence : que ne doivent pas faire des *philosophes*, quand il s'agit d'*éclairer le monde* ? Qu'ils désespèrent de moi, ils n'ont pas tort ; mais quoique le monde aussi paraisse un peu revenu de leurs *lumières*, ils ne doivent pas en désespérer sitôt ; et qui sait s'ils ne le ramèneront pas encore sous le joug heureux et brillant de leur *philosophie* ? Au moins n'est-ce pas à eux à croire ce nouveau triomphe impossible : il y aurait de leur part plus d'abattement que de modestie ; et ni l'un ni l'autre ne convient à des *philosophes* de leur force.

Au reste, parmi ceux qui n'ont trouvé contre moi d'autres armes que les invectives et les calomnies directes ou indirectes, je ne dois pas confondre

M. Garat, à qui je ne dois que des remerciemens de la manière très-obligeante et très-flatteuse dont il s'est expliqué sur mon ouvrage, quoiqu'il n'en adoptât nullement les opinions. J'espérais que dans la suite de son premier extrait, il entrerait dans le détail de la discussion, et je regrette que ses occupations ne lui aient pas encore permis de continuer ce qu'il avait si bien commencé.

Mais je dois distinguer sur-tout l'homme de lettres, plein d'esprit, de goût et de connaissances, mon ancien confrère à l'Académie, qui a bien voulu annoncer dans les *Nouvelles politiques* la seconde édition de mon ouvrage. Il paraît m'inviter, avec autant de bonne foi que de politesse, à prévenir sur-tout les méprises et les confusions d'idées dans l'application du mot de *philosophie*. Je crois qu'il ne me sera pas difficile de prouver que j'avois pris sur ce point toutes les précautions possibles ; mais je ne demande pas mieux que d'y revenir, et c'est mon dessein et mon devoir ; car il faut ôter tout prétexte à la mauvaise cause pour mieux établir la bonne. Je pense comme lui que les maux de notre révolution n'ont été en effet que *le triomphe de l'ignorance*, mais sur la vraie philosophie, et non pas sur celle que je combats ; et que celle-ci au contraire, qui n'était autre chose qu'une *ignorance raisonnée*, n'a fait qu'armer *l'ignorance* grossière et perverse ; et que les charlatans de *philosophie* ont été les premiers professeurs du *sans-culotisme*. J'irais même jusqu'à présumer qu'en dernier résultat de l'examen qu'il me propose et qui m'occupe uniquement, nous pourrions bien ne différer guères d'avis. Mais il en sait trop pour ne pas sentir que ce n'est pas là l'ouvrage d'un moment, et qu'il ne me faut rien moins que l'application de tous les faits à tous les principes et à toutes les conséquences, pour en former une masse de preuves, qui écrase enfin l'obstination et la mauvaise foi, et ne laisse plus aucun doute à ceux qui n'ont besoin que d'être éclairés. Je ne suis d'ailleurs nullement pressé de repousser les attaques personnelles de ceux qui ont jugé à propos de s'en prendre à moi, ne pouvant s'en prendre à la cause que je soutiens. Je ne dois même mêler à celle-ci ce qui est de la mienne, qu'autant que l'intérêt de l'une excuserait ou exigerait ce que je donnerais à l'autre ; et il ne m'est permis de parler de mes adversaires, que pour montrer dans les moyens qu'ils emploient ce qui caractérise les ennemis de la vérité, l'impuissance, la mauvaise foi et la fureur.

RÉFUTATION

RÉFUTATION

DU LIVRE

DE L'ESPRIT,

Prononcée au Lycée Républicain, dans les Séances des 26 et 29 Mars et des 3 et 5 Avril.

On n'a pû ranger Helvétius parmi les écrivains qui appartiennent à la philosophie, que dans un siècle où l'on a tout confondu, les hommes, les choses, les idées et les mots. Si Condillac est un philosophe, il est impossible qu'Helvétius en soit un. La philosophie n'est autre chose que la recherche du vrai ; et la méthode nécessaire pour cette recherche est reconnue et avouée, depuis qu'Aristote a fait du raisonnement un art que nous appelons la logique. Celui qui en évite ou en néglige les procédés dans les matières spéculatives où ils sont d'une indispensable nécessité, montre dès-lors ou l'ignorance ou la mauvaise foi : il est en métaphysique et en morale ce que serait en physique un homme qui ne tiendrait aucun compte des faits, et substituerait toujours les hypothèses à l'expérience. Voyez de quelle manière procèdent Clarke et Fénelon, quand ils démontrent l'existence de Dieu et la spiritualité de l'ame, Mallebranche même quand il explique les erreurs de nos sens, Dumarsais quand il développe la métaphysique du langage : tous alors ont écrit en logiciens. Mais quand je vois un écrivain qui commence par tout brouiller et tout dénaturer, dans un sujet où la précision des termes, l'enchaînement des propositions, l'exactitude des définitions et la rigueur des conséquences, sont l'unique moyen, non-seulement de se faire entendre aux autres, mais de s'entendre soi-même ; quand je le vois poser pour premières bases de son livre, des définitions nouvelles de choses depuis long-temps définies, sans se donner la peine de prouver qu'elles l'ont été mal, établir pour première théorie une suite d'assertions gratuites, qui toutes contredisent des vérités démontrées, sans s'occuper avant tout, ni de réfuter ce qu'il rejette, ni de prouver ce qu'il met à la place; je reconnais sur-le-champ le sophiste, qui a besoin de glisser légèrement sur les principes pour n'être pas gêné dans les conséquences, et qui à coup sûr a dans sa tête un système de mensonge ou d'erreur. C'est ce qu'a fait Helvétius. Il ne lui faut que deux ou trois pages de mauvaise métaphysique, où il matérialise l'esprit, à la vérité sans prononcer le mot, mais aussi sans prouver la chose; et il part de là pour faire un gros livre, dont le seul résultat possible est d'anéantir toute moralité dans les actions humaines. Il convient de s'arrêter sur cet ouvrage, d'autant plus que parmi ceux qui ont marqué dans ce genre, en France et dans ce siècle, c'est le premier où l'on ait attaqué systématiquement tous les fondemens de la morale. Le grossier matérialisme de La Métrie, éruption d'une perversité folle et brutale, n'avait valu à l'auteur que le mépris public dans sa patrie, et une place de valet bouffon chez un Prince étranger, qui trouvait bon d'avoir à ses ordres des valets de toute espèce (1). Le livre de l'*Esprit* étoit autrement écrit ; il y avoit plus d'art et de réserve. L'immoralité, beaucoup moins prononcée, s'y cachait tantôt sous l'appareil des formes philosophiques, tantôt sous l'agrément des détails. Les mots de *probité*, de *vertu*, de *remords* y étaient répétés, mais dénaturés de manière à n'être plus que des mots sans idée ; et l'ouvrage entier avait un air de singularité piquante, qui excita d'abord plus de curiosité que de scandale, dans un monde plus occupé de s'amuser que de réfléchir. Il y obtint une grande vogue, malgré le sérieux du sujet et le poids du format. Déja dans ce monde frivole, le nom de philosophie, qui commençait à être de mode, avait introduit les gros livres, qu'on lisait comme des brochures ; et les femmes qui avaient sur un pupître les in-folio de l'Encyclopédie, eurent sur leur toilette l'in-4.° d'Helvétius. L'auteur avait d'ailleurs tous les

(1) On l'appelait l'*athée du roi de Prusse*, qu'il divertissait par ses saillies et par sa gourmandise. Il mourut à Berlin, d'indigestion. Voyez les lettres de Voltaire qui raconte les détails de sa mort, et qui parle de lui avec un grand mépris.

avantages qui pouvaient faire valoir son ouvrage, une grande fortune, une place à la cour, une considération personnelle et méritée. C'était un homme de mœurs douces, d'une société aimable et d'un caractère bienfaisant; il semblait faire une sorte de contraste avec son livre; et ce contraste dont tout le monde fut frappé, fait demander d'abord ce qui a pû engager un homme honnête, un homme d'esprit et de talent, à débiter avec tant de confiance une foule de paradoxes, où le faux des raisonnemens est aussi facile à démontrer que l'odieux des conséquences. Il est impossible d'en assigner d'autre cause que cette vaine et malheureuse ambition de célébrité, qui s'accorde parfaitement avec ce qu'on nous raconte des premières circonstances qui engagèrent Helvétius dans la carrière des lettres. La vérité des faits ne saurait être suspecte : ils se trouvent dans une préface en forme de mémoires historiques, à la tête d'un ouvrage posthume d'Helvétius, et de la main d'un de ses plus intimes amis, qui n'a écrit que pour célébrer sa mémoire, et dont l'honnêteté est aussi reconnue que ses talens sont recommandables, l'auteur du beau Poëme des Saisons. C'est lui qui rapporte qu'Helvétius, jeune encore et amoureux de toutes les jouissances que pouvaient lui procurer son âge, sa figure et ses richesses, remarqua dans un jardin public un homme qui ne paraissait avoir aucun de ces avantages, et qu'un cercle de femmes entourait avec honneur. C'était Maupertuis, qui revenant d'un voyage au Pôle, et s'étant fait quelque nom dans les sciences, avait alors, comme tant d'autres, un moment de faveur publique et de cette réputation qu'on acquiert et qu'on perd avec la même facilité, quand les moyens ne sont pas au-dessus du médiocre. Helvétius fut frappé de l'éclat et des agrémens qu'un savant, un homme de lettres pouvait devoir à sa renommée : il résolut dès ce moment de les obtenir. Il avait montré jusques-là de la facilité pour tout ce qu'il avait voulu entreprendre, et une telle avidité de toute sorte de succès, qu'il avait dansé une fois sur le théâtre de l'Opéra, sous le masque de Javilliers, l'un des premiers danseurs de son temps. Cette fantaisie suffirait seule pour caractériser un homme épris des applaudissemens, plus qu'on ne doit l'être, et plus curieux de gloire, que fait pour la choisir ou l'apprécier. Il avait déja fait quelques vers qu'il confiait à Voltaire, et celui-ci lui faisait entrevoir, à travers les politesses d'usage, qu'il n'était pas de force en poésie à soutenir les regards du public. Ce jugement consigné dans les lettres de Voltaire, a été confirmé par le public, après l'impression posthume des poésies d'Helvétius. Il se tourna donc vers la philosophie, qui, depuis quelques années, devenait une mode, et qui bientôt après, à la naissance de l'Encyclopédie, devint une secte et un parti. Il fut lié avec les chefs, et particulièrement avec Diderot. On en a inféré très-légèrement, sur-tout au moment de la publication de l'*Esprit*, qu'il était en grande partie l'ouvrage de Diderot : ce bruit est sans fondement et sans vraisemblance. Il est très-possible sans doute (et même je le croirais volontiers) que l'auteur ait emprunté sa philosophie des conversations de Diderot : comme elle aboutit de tout côté au matérialisme, il est très-probable que le fond a été fourni à un homme du monde, naturellement, peu exercé sur ces matières, par un savant de profession, un maître d'athéisme, qui ne demandait pas mieux que de faire des élèves. Mais d'ailleurs on voit clairement que l'auteur du livre de l'*Esprit* a conçu et écrit son système, dont toutes les parties se tiennent, quoique le tout ne tienne à rien. Sa composition n'a aucun rapport avec la manière de Diderot, manière très-reconnaissable, beaucoup plus à ses défauts qu'à son mérite, quoiqu'il y ait de l'un et de l'autre. La diction d'Helvétius est en général pure et correcte; mais son style n'a point de caractère marqué. Il a quelquefois de l'éclat, jamais de force ni de chaleur, et en cela son style s'accorde avec sa doctrine, qui n'admet de sensibilité que celle qui est purement matérielle. On s'apperçoit, en le lisant, que son imagination ne se passionne que pour les idées brillantes et voluptueuses; et rien n'est moins analogue à l'esprit philosophique.

Cette imagination a colorié plusieurs morceaux de ses ouvrages, et y répand de temps en temps une teinte orientale, qui paraît fort de son goût. Il en résulte aussi que son élégance habituelle n'est pas toujours celle de son sujet :

souvent elle devient trop poétiquement figurée, et forme une disparate tranchante avec la simplicité nue de ce qui précède et de ce qui suit. Il ne connaît point cette insensible gradation de lumière et de couleurs, dont parle si bien Condillac, et d'où naît cette harmonie de tons qui doit régner dans le style comme dans un tableau. On sent trop que l'auteur, qui toute sa vie avait fait des vers et n'avait jamais réussi à en faire bien, cède à la tentation facile d'être poëte en prose, sorte de prétention qui commençait à devenir aussi une mode et un système; car dans les choses d'esprit, toute espèce de travers a été érigée en doctrine; et c'est ce qui doit arriver chez un peuple vain, qui veut être philosophe. Quelquefois aussi vous voyez Helvétius prendre le ton d'un orateur; et il est vrai que dans les matières philosophiques qui embrassent tout, un génie heureux peut emprunter quelque chose du genre oratoire et même de la poésie; de grands exemples l'ont prouvé; mais le succès dépend du choix, du discernement et de la mesure. Tous les genres se touchent par quelque endroit; tous peuvent s'enrichir les uns des autres ; mais autant il est difficile et beau de distinguer le point où ils s'avoisinent, et de les rapprocher naturellement, autant il est aisé de les confondre et de les amalgamer de manière à ce qu'ils soient tous hors de leur place, et par conséquent de peu d'effet.

On en voit un exemple dès le commencement de l'*Esprit*. Helvétius nous dit, après Locke et tous les bons philosophes, qu'une des causes principales de la fausseté de nos jugemens, c'est de ne considérer qu'un côté des objets ; et nous allons voir tout-à-l'heure que son livre est d'un bout à l'autre la preuve de cette vérité ; mais que fait-il pour la confirmer ? Il prend pour exemple cette question souvent agitée, si le luxe est utile ou nuisible aux empires : (question, pour le dire en passant, qui est en elle-même très-mal posée, puisqu'elle ne peut jamais faire une thèse absolue, et qu'il s'agit seulement de savoir chez qui, comment et jusqu'à quel point le luxe, progrès inévitable et nécessaire de toute civilisation, peut influer sur elle en bien ou en mal.) Quoi qu'il en soit, l'auteur occupé dans ce moment d'arranger les bases de son système sur l'*Esprit*, d'en définir et d'en classer les différentes facultés, pouvait et devait uniquement exposer en trois ou quatre phrases, sous quelles faces différentes on avait envisagé le luxe. Il n'y avait nulle raison d'interrompre la chaîne de ses raisonnemens, qu'il était essentiel de suivre. Point du tout : il fait une digression de 20 pages, et nous met sous les yeux deux plaidoyers contradictoires pour et contre le luxe, où sans traiter le fond de la question, il étale des lieux communs de rhétorique, qui ne sont eux-mêmes qu'un luxe oratoire fort déplacé. Il ne résoud point le problême, dont la solution, dit-il, est étrangère à son sujet; mais la discussion ne l'était pas moins, et il y a tout lieu de présumer que si nous trouvons là ces deux morceaux sur le luxe, c'est que l'auteur les avait dans son porte-feuille, et qu'il les a fait entrer de force dans son ouvrage pour faire montre de son éloquence. Ce n'est pas ainsi qu'on sait faire un livre, qu'on en remplit l'objet, et qu'on en observe les proportions. Ce défaut est fréquent dans celui d'Helvétius; et le fond y est comme étouffé sous les digressions; mais ce fond même est encore plus vicieux.

Nous avons vu que Condillac s'était illustré en étendant et approfondissant les principes de Locke. Helvétius n'a fait qu'en abuser, et en outrant les vérités que Locke avait découvertes, il en a tiré les plus fausses conséquences. Tout le monde s'est rendu aux preuves du philosophe Anglais, quand il a fait voir que toutes nos idées n'ont pu nous venir primitivement que par les sens. Helvétius en conclud que tout se réduit en nous à la faculté de sentir, à ce qu'il nomme *la sensibilité physique*, expression qui dans son système formerait déja une sorte de contradiction implicite; car ce mot *de physique* semble supposer une distinction d'avec le moral, et l'auteur n'en admet point, puisque selon lui *juger n'est que sentir*. Cette seule assertion, qui chez lui fonde toutes les autres, suffirait pour décréditer entièrement sa prétendue philosophie. Car s'il y a une démonstration irrésistible, c'est celle que Locke semble avoir épuisée, qu'il doit nécessairement y avoir en nous une faculté qui a la perception des objets et qui les compare. En effet, il est prouvé physiquement que cette perception n'est ni dans les objets ni dans nos sens : elle n'est point dans les objets, puisque l'odeur n'est point dans la fleur, le froid n'est point dans la glace, la chaleur n'est point dans le feu, etc...; cela est universellement reconnu et à la portée du moindre écolier de physique. Il ne l'est pas moins que la perception n'est point non plus dans nos sens, puisque dans l'évanouissement, dans le sommeil, et même dans un état d'application à quelque chose qui nous préoccupe, les objets extérieurs dont l'action est toujours la même sur nos sens, le son, la lumière, les odeurs, le tact même ne nous affectent en aucune manière. Il suit invinciblement de ces preuves de fait, (et ce sont les plus fortes de toutes) qu'il y a en nous une faculté distincte des sens, qui reçoit par eux l'impression des objets, apperçoit les rapports qu'ils ont entr'eux ou à elle, et en forme des jugemens; et il est tout aussi démontré en métaphysique, que rien de tout cela ne peut appartenir à la matière. Qu'on demande pour la cent millième fois ce que c'est que cette faculté qui n'est point matière, et que dans toutes les langues on désigne par un mot qui revient à celui d'esprit dans la nôtre; le philosophe répondra toujours que si nous ne le savons pas, c'est que nous ne pouvons pas le savoir; que nous avons la conscience de notre pensée, sans pouvoir dire ce qu'est la pensée; qu'il importe peu qu'on nomme la faculté pensante, en français *esprit* ou *ame*, en latin *animus*, *anima*, en grec ψυχη, νυς, etc.; mais que très-certainement elle existe et doit exister, puisque tout effet prouve une cause, sans qu'on soit obligé pour cela de connaître l'essence de cette cause ni son action, et qu'il suffit de savoir que les effets connus ne peuvent pas en avoir une autre, ce qui est encore métaphysiquement démontré.

Il en est de notre intelligence comme de l'Être nécessaire que nous appelons Dieu. Nous ignorons ce qu'il est; car nous ne pouvons pas embrasser par la pensée l'Être nécessairement infini; mais quand on a démontré qu'il est impossible et contradictoire que le monde existe sans une cause première, il faut ou renverser la démonstration et prouver que l'Univers peut exister par lui-même; ce qu'assurément on n'a pas fait et ce qu'on ne fera pas, ou avouer que la cause existe. La fausseté du principe d'Helvétius paraît, s'il est possible, encore plus frappante, quand on l'applique aux idées abstraites. Il avoue lui-même que juger, c'est comparer. Or, toute comparaison et par conséquent tout jugement est une action ; et si les deux seules facultés qu'il nous accorde, la *sensibilité physique et la mémoire* qui même dans son système n'en font qu'une, puisque la mémoire n'est, selon lui, qu'*une sensation continuée ;* si ces deux facultés sont, comme il l'assure, purement *passives*, comment sont-elles capables d'action ? Cela répugne dans les termes ; et voilà d'abord un philosophe, un métaphysicien qui n'entend pas la langue de sa science. S'il l'eût entendue, il aurait au moins essayé de faire voir qu'un jugement n'est pas un acte ; mais il n'y songe seulement pas, tant il s'occupe peu de définir les mots et de procéder avec cette méthode dont Locke et Condillac ne s'écartent pas. Dès-lors il part de son principe, sans s'embarrasser ni de la réalité ni des preuves, et celles qui viennent ensuite ne sont que de nouveaux paralogismes et des cercles vicieux. En voici quelques-uns. Il se fait cette objection :

« Supposons qu'on veuille savoir si
» la force est préférable à la grandeur
» du corps, peut-on assurer qu'alors
» *juger* soit *sentir*? Oui ; car pour porter
» un jugement sur ce sujet, *ma mémoire*
» *doit me rappeler* successivement les
» tableaux des situations différentes où
» je puis me trouver le plus commu-
» nément dans le cours de ma vie. Or
» juger, c'est voir dans ces divers ta-
» bleaux que la force me sera plus sou-
» vent utile que la grandeur du corps. »

Tout ceci n'est qu'une pétition de principes et un abus de mots. L'abus est dans ces phrases : *ma mémoire doit me rappeler.... Juger, c'est voir*, etc. Il ne s'agit pas d'assembler les mots *juger et voir* : il faut nous dire qui *juge* dans vous, qui *voit* dans vous : sont-ce vos sens ? Quoi ! vos sens réuniront à volonté les idées du passé, de l'actuel et du possible, pour en former un jugement ! Mais nos sens qui sont les organes des perceptions, n'ont point eux-mêmes de perceptions : cela est démontré

en

en rigueur. Et comment *conserver et rappeler* ce qu'on n'a pas ? *Ma mémoire doit me rappeler* : Qu'est-ce que votre *mémoire* ? Ne réalisons point les abstractions : *la mémoire* n'est et ne peut être qu'un mode de la faculté pensante : il n'y a point d'être qui s'appelle *mémoire* : nous nous servons de ce terme pour exprimer l'action de la faculté qui pense et se ressouvient : c'est là évidemment le sens de ce mot, ou il n'en a pas. Vous voilà donc ramené malgré vous à cette faculté, que nulle part vous ne voulez reconnaître.

Il est bien vrai que pour former ce jugement de préférence en faveur de la force, il faudra que la faculté pensante rappelle une foule d'idées qui ne sont originairement que des sensations. Qui en doute ? Mais au lieu de prouver ce qu'on vous nie, que *juger et sentir est la même chose*, vous prouvez seulement ce qu'on vous accorde et ce que tout le monde sait, que l'entendement n'opère que sur des idées qui lui ont été transmises par les sens. Voilà où est le paralogisme et le cercle vicieux, qu'il est impossible de nier, tant la démonstration en est évidente, je ne dis pas seulement pour des philosophes, mais pour tout homme en état de raisonner.

J'ai dit que l'auteur ne reconnaissait nulle part ce que Locke nomme la faculté pensante : en effet, il n'en parle qu'une fois par supposition, dans les premières lignes de son livre, et tout ce qui vient ensuite tend à l'anéantir, quoique l'auteur pousse l'inconséquence ou l'ignorance jusqu'à ne pas même indiquer ce qui pourrait remplacer cette faculté, et quoique souvent les raisonnemens qu'il fait pour la détruire la supposent malgré lui, comme je viens de le faire voir. Il ne faut pas s'étonner de cette contradiction : à la faveur des termes abstraits qu'on n'explique pas, elle peut régner dans tout un livre : il y en a mille exemples. C'est ainsi que se sont formés en philosophie tous les systêmes erronés, depuis les *qualités occultes* des Péripatéticiens et les *homaeoméries* d'Anaxagore jusqu'au Dieu-Monde, au *grand animal* de Spinosa, qui était à-la-fois agent et patient, et jusqu'à *la sensibilité physique d'*Helvétius, *faculté passive*, qui a des idées et qui forme des jugemens, assemblage de mots contradictoires qu'un homme un peu instruit ne peut prononcer sans rire de pitié.

« Ou l'on regarde l'esprit comme l'effet
» de la faculté de penser, et en ce sens
» l'esprit n'est que l'assemblage des pen-
» sées d'un homme ; ou on le considère
» comme la faculté même de penser. *Pour*
» *savoir ce que c'est que l'esprit*, pris
» dans cette dernière signification, il faut
» connaître quelles sont les causes pro-
» ductrices de nos idées. Nous avons
» en nous *deux facultés*, ou, si je l'ose
» dire, *deux puissances passives, dont*
» *l'existence est généralement et distinc-*
» *tement reconnue* : l'une est la faculté
» de recevoir les impressions différentes
» que font sur nous les objets extérieurs :
» *on la nomme sensibilité physique* :
» l'autre est la faculté de conserver les
» impressions que ces objets ont faites
» sur nous : on la nomme *mémoire*, et
» *la mémoire* n'est autre chose qu'*une*
» *sensation continuée*, mais affaiblie.
» Je regarde ces *facultés* comme les
» causes productives de nos idées. »

Autant de mots, autant d'erreurs. D'abord il fallait absolument admettre ou rejeter la définition reçue jusqu'ici de ce mot, *esprit*, parce qu'en tout il faut partir d'un point quelconque. Ensuite il ne fallait pas dire : *pour savoir ce que c'est que l'esprit pris pour la faculté de penser ;* car personne ne prétend savoir *ce que c'est ;* nous connaissons ses opérations et non pas son essence : cela est convenu, et l'auteur ne l'oublie que pour se mettre à côté de la question, méthode toujours suspecte par elle-même, parce qu'elle est toujours ou infidèle ou insidieuse. Ce qu'il ajoute pour avoir l'air d'expliquer cette faculté, ne tend en effet qu'à l'annihiler. Il ne nous accorde que *deux facultés passives*, la sensibilité physique et la mémoire, et comme je l'ai déja remarqué, c'est d'abord multiplier les êtres sans nécessité ; car dans sa théorie même, toute vicieuse qu'elle est, la faculté de recevoir des impressions et celle d'en conserver le souvenir, ne sont absolument qu'une seule et même chose. Et puis, s'il n'y a dans nous que des *facultés passives*, nous n'avons donc ni action ni liberté. Car assurément ce qui est purement *passif* ne peut agir, et ce qui ne peut agir, ne saurait non plus se déterminer. Cela est rigoureusement conséquent et irréfragable ; et pourtant cette conséquence serait dure à imaginer d'une espèce d'être qui a calculé le mouvement des planètes, inventé tous les arts et produit des Socrate et des Fénelon. Au reste, cette erreur grossière de faire de l'entendement humain une faculté *passive* est prise de Mallebranche, quand l'esprit de système le fit déraisonner : il avait besoin de cette erreur pour conclure que *nous voyons tout en Dieu*, comme Helvétius en a besoin pour conclure que nous voyons tout par les sens : une erreur en amène une autre.

De plus, c'est s'énoncer d'une manière très-fausse que de nous dire de la faculté de recevoir les impressions des objets, qu'*on la nomme sensibilité physique* : c'est à l'auteur qu'il plaît de la nommer ainsi : j'ai prouvé tout-à-l'heure, d'après Locke, que si l'ame reçoit par les sens la perception des objets, cette perception n'est point dans les sens même. Elle est dans l'ame, dans l'entendement, dans l'esprit, comme on voudra l'appeler. Cela est si vrai, qu'un homme en qui aucun des cinq sens n'aura éprouvé d'altération, s'il tombe dans l'état d'imbécillité ou de folie, ira se heurter contre les corps durs, se brûler au feu, et sera comme dom Quichotte, qui ayant les yeux bien ouverts et la vue très-bonne, prenait les marionnettes de maître Pierre pour des héros et des princesses. Et que devient alors cette *sensibilité physique*, dont Helvétius veut faire la dépositaire de nos idées et *la cause productive* de nos jugemens? Voilà une plaisante *puissance* qui ne suffit seulement pas à m'avertir quand je vais me brûler les doigts ou me casser le cou! et voilà aussi (je le répète et il est bien temps de le répéter) une plaisante *philosophie!*

Enfin, il est absolument faux que la *sensibilité physique soit la cause productrice de nos idées* : elle n'en est que la cause *occcasionnelle;* et comment un philosophe peut-il confondre des choses si différentes? « Nos sens, dit Condillac, » ne sont qu'*occasionnellement* la cause » de nos connaissances. » En effet, pour quiconque entend la langue philosophique, aucun corps n'a la puissance de *produire* en nous des idées. Ecoutons encore Condillac, que j'aime à citer, ce qui n'empêchera pas qu'on ne dise encore que celui qui oppose sans cesse les philosophes aux sophistes, s'est déclaré l'ennemi de la philosophie, parce qu'il s'est mocqué des sophistes sous ce nom de *philosophes* qu'il leur a plu de s'attribuer, et parce qu'il fallait bien les désigner par ce nom sous lequel ils avaient fait tant de fortune et tant de bruit. « Il ne peut y avoir que du mouvement » dans les organes, et une sensation » produite à l'occasion de ce mouvement, » n'est pas ce mouvement même. » Tout le monde conclura comme moi : donc la sensation n'est pas dans les organes, et c'est aussi ce qui est reconnu. Les anciens qui avaient deviné ce rapport des sens aux idées, qui fut pour eux un axiôme stérile, puisqu'ils n'en tirèrent aucune conséquence ni aucune théorie, l'énonçaient pourtant de manière à distinguer très-bien ce qui est *occasion* de ce qui est *cause* : « Il n'y a rien, disaient- » ils, dans l'entendement qui n'ait été » *auparavant* dans les sens. » Ils n'exprimaient donc qu'un rapport d'antériorité, ce qui est très-différent d'une cause productive. En dernier résultat, les objets extérieurs sont l'occasion de nos perceptions, les sens en sont les organes, l'ame en est le siége, et c'est Dieu qui a mis en elle le pouvoir, inexplicable pour nous, de communiquer par les sens avec les objets extérieurs, et de former de ces sensations des idées et des jugemens.

Locke a prouvé autant qu'il est possible à l'homme, c'est-à-dire, par les seuls principes de l'analogie entre le connu et l'inconnu, que l'ame doit être une substance simple et indivisible, et par conséquent immatérielle. Cependant il ajoute qu'il n'oserait affirmer que Dieu ne puisse douer la matière de pensée. Condillac est de son avis sur le premier article et le combat sur le second. Je suis entièrement de l'avis de Condillac, et tous les bons métaphysiciens conviennent que c'est la seule inexactitude qu'on puisse relever dans l'ouvrage de Locke. Le motif en est, sans doute, très-louable : c'est un profond respect pour la Toute-puissance divine, et une crainte modeste d'affirmer rien qui ait l'air de borner cette puissance. Mais ce respect n'est pas ici bien entendu, ni cette modestie bien placée. Le plus modeste philosophe est obligé d'adopter la conséquence, quand il a établi le principe : la connexion des idées est une force morale, indépendante de notre assentiment. Celui qui avait invinciblement démontré l'immatérialité essentielle du principe pensant, n'était plus le maître d'admettre, dans aucune hypothèse quelconque, la possibilité de rendre ce principe matériel. Ce n'est pas là respecter la Toute-puissance divine : c'est en méconnaître la nature ; et qui devait savoir mieux que Locke que Dieu ne peut pas faire qu'une chose soit et ne soit pas, parce qu'il ne peut rien vouloir de contradictoire en soi ? Or, il répugne qu'il donne à la matière une faculté incompatible avec elle ; et cette incompatibilité, c'est Locke lui-même qui l'a prouvée mieux que personne. Quand son extrême respect pour la Divinité l'a fait tomber dans cette erreur, il était loin de se douter que les matérialistes et les athées se feraient une arme contre Dieu même, de cette réserve trop peu réfléchie dans un de ses plus fervens adorateurs. Quel bruit n'ont-ils pas fait de cette phrase échappée à Locke ! quel parti n'en ont-ils pas voulu tirer ! De cette seule supposition, qu'il n'était pas impossible à Dieu de donner la pensée à la matière, ceux mêmes qui ne croyaient pas en Dieu, ont bien vîte conclu l'inutilité parfaite et la non-existence du principe pensant, de l'intelligence suprême, de la cause première, en un mot, de tout ce que Locke avait si bien établi dans son immortel ouvrage. Ils ont oublié l'ouvrage entier, pour ne se souvenir que d'une seule phrase ; ils ont mis de côté toutes les démonstrations, pour ne s'arrêter qu'à une hypothèse. Ils n'ont pas plus parlé des unes que si elles n'existaient pas, et ce n'est que pour citer l'autre qu'ils ont quelquefois nommé Locke, sans se mettre en peine de répondre jamais un seul mot à cette imposante série d'argumens victorieux, par lesquels le premier de tous les logiciens du monde, le premier des métaphysiciens, (de l'aveu même de nos philosophes, avant le règne de l'athéisme) a établi l'existence d'un premier être, la spiritualité et l'immortalité de l'ame.

Pour ce qui est d'Helvétius, il prétend que son systême s'accorde également avec la matérialité ou l'immatérialité de l'ame ; mais la vérité est, qu'il est inconséquent dans l'une et l'autre doctrine ; car toutes deux donnent nécessairement à l'ame un principe d'action, et il le lui refuse.

Quant aux relations qui existent entre la faculté pensante et l'organisation du corps humain, vous avez vu avec quelle solidité de raisonnemens, appuyés de l'expérience, Condillac a prouvé que la grande supériorité de l'homme sur les animaux qui ont des idées et même quelques liaisons d'idées, tient sur-tout à cet inappréciable organe de la parole. Comment n'être pas étonné qu'Helvétius ait pu fermer les yeux à la justesse sensible de cette observation, et qu'il ait mieux aimé attribuer tous nos avantages à la conformation de nos mains ! Le vice des argumens qu'il entasse à ce sujet, vient particulièrement de faits mal observés, et ce vice est capital en philosophie. Il n'était pas possible qu'il ne prévît l'objection qui se présente d'elle-même, que les singes ont des pattes pour le moins aussi adroites que nos mains, et d'une conformation à peu près semblable. L'objection est pressante : toutes les réponses qu'il oppose sont d'une futilité véritablement ridicule.

1.° « Les hommes sont plus multi» pliés sur la terre. » Oui, parce que l'homme est de tous les climats ; mais la multiplication des singes dans trois parties du monde, l'Asie, l'Afrique et l'Amérique, n'est-elle pas assez grande pour les rendre susceptibles des progrès qui tiennent à la sociabilité, si d'ailleurs ils en avoient comme nous le principal instrument, la parole? En certaines contrées de l'Afrique, leur nombre est si prodigieux, que les Nègres sont avec eux dans un état de guerre habituel, pour défendre leurs champs que les singes attaquent et ravagent en corps d'armée.

2.° « Parmi les différentes espèces de » singes, il en est peu dont la force » soit comparable à celle de l'homme. » D'abord le jocko, le mandril, l'orang-outang sont d'une telle force, qu'il y a peu d'hommes qui sans armes pussent se défendre contre eux; et puis, ou cette réponse n'a aucun sens, ou elle suppose que l'intelligence est naturellement en proportion de la force, ce qui est démenti par les faits. Qui est plus fort que le bœuf? et qui est plus stupide? Et s'il était question de force entre l'homme et les animaux, croit-on qu'il eût beau jeu contre le lion, le tigre, l'ours et l'éléphant?

3.° « Les singes sont frugivores.... » et les animaux voraces ont en général » plus d'esprit que les autres animaux. » Rien n'est moins prouvé. En connaît-on dont les travaux, les mœurs, les habitudes montrent plus d'industrie et de sagacité que les castors et les fourmis? L'éléphant qui est aussi frugivore, est un des quadrupèdes les plus intelligens; et l'éléphant et la fourmi, ces deux espèces placées aux deux extrémités opposées du genre animal, font assez comprendre que la nature n'y a pas distribué l'esprit en raison de la masse et de la force.

4.° « La vie des singes est plus courte. » Oui, mais il faut faire attention que cette différence, qui d'ailleurs n'est pas également prouvée dans tous les animaux, n'est point une raison d'infériorité; car s'ils vivent moins long-temps, ils atteignent beaucoup plus tôt l'âge où leurs organes sont entièrement développés, ce qui peut faire une compensation sur-tout pour les animaux qui vivent trente ou quarante ans, et il y en a qui vivent davantage.

5.° « Les singes ne forment qu'une » société fugitive devant les hommes. » L'auteur applique cette même réflexion à tous les animaux à qui l'homme s'est rendu redoutable. Elle n'a rien de solide, ni qui aille au fait. La supériorité que l'homme s'est acquise par l'invention et l'usage des armes, n'a point changé le caractère et les mœurs des animaux. Ils sont à son égard ce qu'ils sont entr'eux; c'est-à-dire, dépendans de circonstances accidentelles : le plus faible fuit devant le plus fort : ils ne sont tous ni naturellement ni constamment fugitifs. Ceux que leur instinct porte à vivre en société, y ont toujours vécu malgré les attaques et les embûches de l'homme et des autres espèces. Jamais les martres, les renards, les ours et les carcajoux, qui tourmentent continuellement la république des castors et brisent leurs loges, ni même l'homme plus destructeur qu'eux tous, ne sont parvenus à éloigner ces industrieux amphibies de leurs habitations; et les fourmis n'ont pas pris le parti de se séparer, quoiqu'on ait détruit mille fois les fourmilières. Les éléphans, les chevaux sauvages errent par troupeaux dans les plaines des Indes et du Pérou, où ils sont continuellement chassés par l'homme, sans que le soin de leur sûreté leur ait jamais appris à se séparer, ce qui pourtant en rendrait la chasse infiniment plus difficile. Les bêtes féroces ne montrent à notre égard que cet instinct de défiance naturel aux différentes espèces :

comme nous, elles attaquent à leur avantage, quand elles le peuvent. Le loup qui a faim se jette sur l'homme, s'il ne le voit pas armé, et quand la neige et la glace couvrent la terre, ce même animal naturellement solivague, ne trouvant plus de nourriture, se joint à ceux de son espèce, et tous ensemble courent les bois pour réunir leurs forces contre la proie qu'ils rencontreront. Il en est de même des ours du Nord et des tigres de l'Afrique : ils s'attroupent pendant la nuit et assiégent les misérables huttes des Kamtchadales et des Nègres. Ainsi, suivant le besoin et les circonstances, les animaux attaquent ou fuient, se rassemblent ou se dispersent.

6.° « La disposition organique des » singes les tenant, comme les enfans, » dans un mouvement perpétuel, même » après que leurs besoins sont satisfaits, » ils ne sont pas susceptibles de l'ennui » qu'on doit regarder comme un des » principes de la perfectibilité de l'esprit humain. »

On a bien quelque envie de rire encore de pareilles inepties ; mais on ne nous permet pas de rire d'un *philosophe* : c'est beaucoup qu'on nous permette de raisonner : raisonnons. Toutes les suppositions de l'auteur sont gratuites. Il n'est nullement certain, ni que le mouvement prouve l'absence de l'ennui, ni que l'ennui soit une suite de l'immobilité, ni qu'aucune espèce d'animaux connaisse ce que nous appelons l'ennui. Si le mouvement en était le préservatif, on ne verrait pas tant de gens s'ennuyer en allant sans cesse d'un lieu à un autre, comme font sur-tout les riches et les grands, qui sûrement ne sont pas de tous les hommes les moins ennuyés. La plupart des sauvages, quand ils ont pourvu à leurs besoins, restent toute la journée étendus sur leur natte : bien loin de s'y ennuyer, ils regardent, ainsi que beaucoup de peuples, le repos comme un grand bien. Ils sont toujours étonnés de l'activité Européenne qui leur paraît inconcevable, et sur-tout la promenade, c'est-à-dire, l'action d'aller sans autre objet que d'aller, (que Voltaire appelle quelque part le premier des plaisirs insipides, quoique ce fût un de ceux de l'Elysée des anciens) la promenade leur paraît la chose la plus bizarre et la plus folle qu'on puisse imaginer. A l'égard des enfans qu'Helvétius cite en exemple, on on ne sait pas pourquoi, la cause de cet amour qu'ils *ont* pour le mouvement est bien connue : c'est un instinct naturel et commun à tous les animaux du même âge, et absolument nécessaire, dans les vues générales de la nature, au développement des membres et à l'accroissement des forces. Faut-il donc être réduit à rappeler des notions si vulgaires? Je ne suis pas sûr que *les philosophes* sachent beaucoup de choses que les autres hommes ne sachent pas; mais j'ose assurer que dans leurs livres ils ont à tout moment l'air d'ignorer ce que tout le monde sait.

Pour ce qui est de ce mal-aise qu'on nomme ennui, il est fort douteux que les bêtes l'éprouvent, et j'ai bien peur que ce ne soit une maladie particulière à notre espèce. Tout autre animal, quand ses besoins physiques sont satisfaits, paraît content : il se repose, ou il dort; et si le sauvage leur ressemble en ce point, c'est qu'il est beaucoup plus près que nous de la vie animale. L'ennui, qu'il faut bien distinguer de tout mécontentement qui a une cause particulière et distincte, n'est au fond qu'une comparaison de notre état actuel avec un état meilleur, qu'on suppose sans le connaître ; c'est donc un desir vague et factice, né d'une imagination exercée par les besoins, les progrès et les abus de la société. La connaissance d'une foule d'impressions morales qui n'ont lieu que dans la société perfectionnée, donne l'habitude et le desir d'être ému de mille manières que le sauvage ne connaît pas ; et l'ennui peut être alors où la satiété de ces émotions, qui fait qu'on n'en imagine plus de nouvelles, quand toutes celles que l'on connaît sont devenues indifférentes, où l'indifférence que l'on a pour les impressions actuelles, et qui en fait vaguement et confusément desirer d'autres. Rien de tout cela ne peut exister dans des êtres bornés à peu près aux nécessités physiques, comme le sont tous les animaux.

Ces explications étaient nécessaires pour faire sentir combien il y a de méprises grossières dans ce que dit Helvétius de l'ennui, et jusqu'où l'a mené l'amour de la singularité et l'abus des mots, lorsqu'il assure que l'*ennui est un des principes de la perfectibilité de l'esprit humain*. Ce fut l'occasion de deux vers assez plaisans, dont je ne me rappelle pas l'auteur, mais qui furent lus à l'Académie Française :

> Et ce n'est pas, dans le siècle où nous sommes,
> Faute d'ennui, qu'on manque de grands hommes.

On se souviendra, sans doute, qu'alors l'ennui était le mal dont tout le monde se plaignait. On a connu depuis des maux un peu plus graves, qui semblent avoir fait oublier celui-là ; et dans ce concert de plaintes douloureuses, qui, depuis si long-temps, n'a pas cessé, je n'en entends pas une contre l'ennui : il est clair que nous ne sommes pas assez heureux pour nous ennuyer.

Quand Helvétius en vient à prouver comment l'ennui est un principe de perfectibilité, il se trouve que, suivant ses propres expressions, ce n'est plus l'ennui, mais *la haine de l'ennui*, haine qui est, dit-il, *un ressort plus général et plus puissant qu'on ne l'imagine*. Mais alors ce n'est autre chose que ce *besoin d'être remué*, dont je viens de rendre compte, et *cette espèce d'inquiétude que produit dans l'ame l'absence d'impressions* : ce sont les termes de l'auteur, et ils reviennent aux miens. Or, ce besoin d'agir et d'être ému, n'est puissant, comme je l'ai fait voir, que dans l'état d'une civilisation avancée. Il est très-faible chez beaucoup de peuples grossiers ou énervés par le climat, et remonte, en dernière analyse, à la sociabilité naturelle à l'homme, et par conséquent au don de la parole qui en est le fondement. Il ne fallait donc point mettre l'absence de l'ennui au nombre des causes de l'infériorité des singes, non plus que la *haine de l'ennui* au nombre des causes de la supériorité des hommes, puisque les langueurs de l'ennui et l'activité sociale sont également des modes d'existence qui supposent déja un état déterminé par des principes reconnus. En sorte que l'auteur est convaincu d'avoir assigné pour une des causes de la perfectibilité sociale, ce qui n'en est et ne peut en être qu'un effet. La bévue est forte ; mais on est forcé de raisonner ainsi en rigueur, quand il s'agit de prouver qu'un homme à qui *la philosophie* a fait une réputation parmi nous, n'est pourtant rien moins que logicien ; et peut-on être philosophe sans logique ?

Une dernière raison qu'il donne de cette infériorité des animaux, dont il s'obstine à ne pas reconnaître la vraie cause, c'est qu'ils *sont mieux armés, mieux vêtus que nous par la nature, qu'ils ont moins de besoins et doivent par conséquent avoir moins d'invention.* Nouvelle pétition de principe; car si tous les hommes, trompant leur destination naturelle, avaient vécu dispersés dans les bois, comme ces deux ou trois malheureux individus que le hasard y avait fait abandonner et qu'on y trouva de nos jours, ils auraient été probablement couverts de poil comme eux; comme eux, ils auraient marché à quatre pattes; leurs ongles prodigieusement accrus auraient acquis la dureté de la corne, leurs dents accoutumées à déchirer la chair crue, seraient devenues comme celles des loups, et comme les loups ils auraient mordu et dévoré. Or, dans cet état, il y aurait eu fort peu d'animaux mieux armés et plus formidables; ils auraient cédé aux lions, aux tigres, à l'éléphant, et auraient eu de l'avantage sur presque tous les autres. Qui ne sait ce que peut l'exercice des forces physiques, et combien il s'accroît, lorsqu'il occupe seul l'individu? Les sauvages atteignent à la course les animaux les plus légers; les habitans du Nord se battent fort bien corps-à-corps contre les ours; les nègres nagent comme des poissons et grimpent aux arbres comme les singes. Pourquoi donc l'homme plus civilisé a-t-il négligé ses forces physiques? C'est qu'il a pu s'en passer, par l'ascendant de ses forces morales, qu'il ne doit qu'à sa pensée et au pouvoir de la communiquer par la parole. Et qu'a-t-il besoin d'être armé d'ongles et de dents, lorsqu'un enfant conduit des éléphans et des taureaux, et qu'à l'âge où il est capable de manier une arme et de viser juste, il peut d'un seul coup abattre un de ces terribles animaux?

En vérité, quand on voit la philosophie telle qu'elle doit être, c'est-à-dire, la noble contemplation de l'ouvrage du Créateur, et de tout ce que lui-même nous a permis d'y voir, comment ne pas s'affliger qu'on ait décoré de ce beau nom de philosophie les malheureux efforts de certains esprits, qui ont mis je ne sais quel inexplicable orgueil à humilier, s'ils l'avaient pu, leur propre nature, à méconnaître et défigurer l'homme, et à travestir en un vil animal celui que l'intelligence et la parole ont fait le roi de l'Univers? Quel est en effet le but secret d'Helvétius, celui qu'il n'osa pas avouer formellement, parce qu'alors cette honteuse *philosophie* s'enveloppait encore dans les ténèbres dont elle avait besoin, avant de se montrer à la lumière pour l'obscurcir et la souiller ? C'est qu'il voulait détruire l'existence de l'ame ; c'est qu'il voulait que le pur matérialisme fût la conséquence implicite de son livre sur l'Esprit. Or, rien ne le gênait plus dans ce système que cette perfectibilité si sensible dans l'homme, et qu'il doit sur-tout au don de la parole, si visiblement destiné à enrichir en lui le don de la pensée. L'un semble en effet la conséquence et le complément de l'autre, dans un être formé d'esprit et de matière ; et cette connexion frapante de deux moyens de supériorité, faits pour séparer et distinguer l'être raisonnable de tous les autres animaux, devait importuner étrangement un matérialiste, qui veut à toute force nous confondre avec eux. Que fait-il ? Il imagine d'attribuer cette supériorité qu'il ne peut nier, à quelque chose qui puisse paraître en quelque sorte plus matériel que la parole, plus indépendant de la pensée, en un mot, à la conformation de nos mains ; et voilà la clef de tous ces sophismes vraiment pitoyables, vraiment puérils, que vous n'avez pu, (j'en suis sûr) entendre sans quelque surprise. Un peu de réflexion l'aurait arrêté dès le premier pas : il aurait vu que si la structure de nos mains est en effet un grand moyen pour la construction et la multiplication des instrumens de tous les arts, ce moyen, comme tous les autres, n'a d'effet qu'en proportion de l'intelligence qui le dirige, et nous ramène par conséquent à ce principe pensant que le matérialiste veut éviter, et qui le poursuit par-tout ; à ce principe si supérieur dans l'homme, que non-seulement l'homme a porté beaucoup plus loin que tous les animaux l'usage des moyens physiques qui lui sont communs avec eux, mais qu'à l'aide de ce seul principe, il a suppléé les moyens qu'il n'a pas, et triomphé pleinement de tous les avantages corporels, éminens dans quelques espèces animales. C'est ainsi que, malgré la vîtesse des pieds, l'agilité des aîles, la force tranchante des dents, la force déchirante des ongles, la force renversante des cornes, malgré l'énormité de la stature et de la masse, la dureté des écailles et l'énergie mortelle des poisons, malgré l'instinct de la défiance ou celui de la férocité, l'homme sait atteindre ce qu'il y a de plus léger, vaincre ce qu'il y a de plus terrible, abattre ce ce qu'il y a de plus fort, dompter ou apprivoiser ce qu'il y a de plus craintif ou de plus farouche ; en sorte que tant d'espèces vivantes ne paraissent devant l'homme dominateur, que comme des vaincus ou des esclaves, des compagnons ou des amis.

Helvétius a bien senti que s'il suffisait pour tout cela d'avoir des mains, celles des singes qui valent bien les nôtres, auraient dû depuis long-temps les mettre en concurrence avec nous. Mais sa raison n'a pas été plus loin : sa *philosophie* l'arrête tout court, et plutôt que de revenir à l'avantage de la parole, qui l'aurait ramené à celui de l'intelligence, il a mieux aimé s'épuiser en explications, toutes plus ineptes les unes que les autres, mais toutes suffisamment bonnes pour lui, dès qu'elles rentraient dans son système. Tel est l'esprit systématique : une fois infatué d'une chimère qu'il regarde comme une découverte, l'homme d'ailleurs le plus spirituel s'y attache comme à une acquisition de son talent, comme à une propriété de son amour-propre ; il ne voit plus rien dans les objets que ce qui se rapporte à son objet favori. Il en est de cette passion comme de l'amour : on ne voit plus ce qui est ; on voit ce qu'on se plaît à voir ; les défauts sont des beautés ; les plus mauvaises excuses sont des raisons ; les mensonges sont des vérités. Il y a cette différence que de ces deux espèces d'aveuglement, la plus douce et la plus excusable ne dure pas long-temps, au lieu que l'autre est d'ordinaire sans remède. On n'aime pas toujours le même objet ; mais on s'aime toujours soi-même ; et s'il est très-rare que les amans meurent dans leurs illusions, il est bien plus rare qu'un philosophe ne meure pas dans ses erreurs. Suivons celles d'Helvétius.

Il se demande *comment jusqu'à ce jour on a supposé en nous une faculté de juger, distincte de celle de sentir ?* C'est poser la question, suivant sa coutume, en termes très-fautifs. Locke et tous les bons raisonneurs qui se sont rangés autour de lui, n'ont admis qu'une seule substance, qui sent, qui pense et qui juge. La prétendue solution d'Helvétius, sur la question qu'il suppose, ne vaut pas mieux que sa ques-

tion même. « L'on ne doit cette suppo-
» sition qu'à l'impossibilité où l'on s'est
» cru jusqu'à présent d'expliquer d'au-
» cune autre manière certaines erreurs
» de l'esprit. » Jamais personne n'a vu cette *impossibilité*, et ce qu'il y a de plus facile en philosophie, c'est d'expliquer, dans quelque système que ce soit, toutes les erreurs quelconques dont nous sommes capables : ce qui serait *impossible*, c'est d'expliquer comment les facultés d'un être fini seraient incapables d'erreurs.

Il annonce ensuite qu'il va *lever cette difficulté* prétendue, en nous prouvant que *tous nos faux jugemens sont l'effet de nos passions ou de notre ignorance*. Cette découverte n'est pas neuve, si l'on entend par *ignorance* le défaut de lumières, de quelque cause qu'il provienne; mais l'auteur nous apprend un moment après qu'il n'entend par *ignorance* que celle *des faits de la comparaison desquels dépend la justesse de nos décisions*. Dans ce cas son explication est très-insuffisante; car il arrive très-souvent que deux hommes sans passion, et partant des mêmes faits, dont ils sont également instruits, décident tout différemment, et que l'un a tort et l'autre a raison. L'on en citerait mille exemples ; il y a donc d'autres causes de nos erreurs que les passions et l'ignorance des faits. Ces causes sont le défaut d'attention à la liaison des idées, ou le défaut de justesse dans la comparaison qu'on en fait : l'un est d'un esprit léger ou préoccupé ; l'autre d'un esprit faux ou borné. C'est-là, sans doute, une vérité généralement reconnue, excepté pourtant d'Helvétius, et il a ses raisons pour la nier ; car il va poser en principe, et il prétend démontrer que *tout le monde a essentiellement l'esprit juste.* Je répète ses propres termes ; et il le faut bien : on a quelque peine à imaginer qu'on puisse soutenir un paradoxe si insoutenable. Aussi de tous ceux que l'on a jamais avancés, (et ils sont en grand nombre et de toute espèce, sur-tout dans ce siècle) c'est peut-être le seul qui n'ait séduit personne. Mais du moins après celui-là, nous ne serons plus étonnés de tous ceux que l'auteur accumule ; et il est bon de s'y préparer ; nous en verrons qui ne sont pas moins extraordinaires.

« Chacun voit bien ce qu'il voit ; mais

» personne ne se défiant assez de son » ignorance, on croit trop facilement » que ce que l'on voit dans un objet est » tout ce que l'on y peut voir. » Oui, rien n'est plus commun; mais il ne l'est pas moins de voir fort mal cela même que l'on croit voir fort bien. Il en est de l'esprit comme de la vue, et puisque l'auteur adopte cette métaphore, rien n'empêche de la suivre. Non-seulement il y a tel homme qui, dans un espace donné, verra dix fois plus d'objets que moi, mais qui verra très-distinctement ceux que je n'apperçois que d'une manière très-imparfaite et très-confuse, ou que je vois même tout autres qu'ils ne sont; et comme il y a des vues basses, des vues courtes et des vues faibles et mauvaises, il y a aussi des esprits obtus, des esprits bornés, des esprits obscurs et faux. Supposons qu'il s'agisse de traduire une phrase d'une langue dans une autre : il n'y a qu'un mot qui puisse faire une difficulté, parce qu'il offre en lui-même plusieurs sens, quoique très-certainement il n'y en ait qu'un qui soit celui de la phrase : je les connais tous, et je choisis celui qui fait un contre-sens. Dira-t-on que j'ai bien vu ce que j'ai vu? Non, j'ai vu fort mal la seule chose qu'il y eût à voir, et que j'ai cru voir bien, c'est-à-dire, le sens de la phrase : pourquoi? C'est que j'ai manqué, ou d'attention, ou de justesse d'esprit, et non pas de connaissance. Je me contente de cet exemple qui détruit le sophisme d'Helvétius, dans ses propres termes. Il serait d'ailleurs bien inutile de réfuter un paradoxe qui ne fera jamais fortune; car si chacun se croit l'esprit juste, tout le monde se plaint des esprits faux.

On ne croira pas davantage que *tous les hommes aient une égale aptitude à l'esprit*; que l'*inégalité des esprits est un effet de l'éducation*; que *le génie est le produit éloigné des événemens, des circonstances et du hasard*, etc. Toutes ces assertions visiblement contraires à l'expérience, ne sont au fond que des conséquences mal déduites et follement exagérées, de quelques vérités triviales. Ainsi l'on a dit mille fois que l'éducation avait un grand pouvoir sur les hommes, et l'on a eu raison; l'on a observé mille fois que telles ou telles circonstances avaient déterminé le goût de tel homme pour une science, pour un art où il s'est distingué, et l'on a eu raison. Mais personne, avant Helvétius, n'avait imaginé d'en conclure que l'éducation faisait tout dans les arts et les sciences, et que ce sont les circonstances qui donnent les talens. Il s'est bien attendu qu'on lui objecterait la prodigieuse différence qui se trouve, à cet égard, entre des jeunes gens élevés sous le même toît, de la même manière, instruits par les mêmes maîtres, différence qui frappe sur-tout dans les maisons d'éducation publique. Mais cette objection ne l'embarrasse point du tout : il répond qu'on ne saurait prouver que les circonstances soient exactement les mêmes, et qu'il y a toujours quelque diversité qui échappe. Cependant ces circonstances si peu sensibles, que personne ne peut les remarquer, sont en même temps si puissantes, que, parmi cent élèves du P. Porée, elles font naître un Voltaire; et si tous les autres ne sont pas des Voltaire, c'est que les circonstances leur ont manqué. Quelle logique! Et comment, lorsqu'on fait des volumes pour débiter ces mystérieuses merveilles, ces arcanes de la *philosophie* moderne, ose-t-on se mocquer de l'ancienne scho-

...ique ? Celle-ci du moins, toute renfermée dans des mots vides de sens, n'attaquait aucune vérité, si elle n'en établissait aucune. C'était tout simplement un langage convenu, un jargon barbare, danslequel on pouvoit disputer sur tout jusqu'à la fin du monde, sans jamais s'entendre sur rien. Cette scholastique a retardé la raison, et la nouvelle *philosophie* l'a pervertie. Lequel vaut le mieux ?

L'auteur se croit très-fort en nous objectant que si nous rejetons son systême, nous sommes réduits à n'attribuer l'inégalité des esprits qu'à une cause qui nous est inconnue ; *et pourquoi*, dit-il, *quand une cause connue rend compte d'un fait, le rapporter à une qualitéocculte, qui n'explique rienque je ne puisse expliquer sans elle ?* Vraiment, c'est que nous n'avons pas autant de confiance que vous. Il faut en avoir un grand fonds pour affirmer que tous les hommes sont nés avec les mêmes dispositions, la même aptitude à tous les progrès de l'esprit, et que la distance énorme que l'on remarque entre ceux qui ont eu précisément les mêmes secours, ne vient que de quelques accidens

accidens que l'on n'a pas observés. C'est ainsi que vous *rendez compte d'un fait*, que vous en assignez *une cause connue!* Si vous croyez faire entendre ce langage à des hommes raisonnables, ce n'est pas présumer peu. Pour nous, nous ne présumons rien : nous voyons une différence sensible dans les esprits, et nous avouons que nous en ignorons la cause, parce que nous ignorons la nature de l'esprit. Si nous voulions faire des systêmes sur l'organisation, comme vous sur le concours des accidens, nous pourrions nous en tirer avec le même succès, et nous ne manquerions pas de beaux raisonnemens pour expliquer ce qui est, comme vous expliquez ce qui n'est pas.

Mais nous aimons mieux confesser notre ignorance, que d'ériger l'erreur en systême, et nous ne pensons pas qu'il soit bien philosophique de nier un phénomène moral aussi constaté que l'inégalité des esprits, uniquement parce que nous ne saurions en donner l'explication.

Croirait-on qu'Helvétius, en imaginant une doctrine qui lui appartient toute entière, veut la retrouver dans

Locke et dans Quintilien, et invoque leur témoignage en des termes qui sembleraient ne laisser aucun doute? « Quintilien, Locke et moi, nous disons : » *l'inégalité des esprits est l'effet d'une* » *cause connue, et cette cause est la* » *différence d'éducation.* » Il cite aussitôt un passage de chacun d'eux, qui, même dans la traduction qu'il en donne, n'emporte point du tout les conséquences qu'il en veut tirer. Mais il y a plus : en recourant aux originaux, on voit que des deux passages, l'un ne se rapporte point à la question, et l'autre est tronqué et très-infidèlement rendu. Voici d'abord celui de Quintilien, tel qu'il se trouve réellement au commencement de son livre, où il lui importe d'établir l'utilité et l'importance de l'éducation. « On » se plaint sans fondement que la nature » n'ait accordé qu'à très-peu d'hommes » la faculté de concevoir ce qu'on leur » apprend, et que la plupart, faute de » dispositions, perdent leur temps et leur » travail. On doit remarquer au contraire, que le plus grand nombre ne » manque ni de facilité à imaginer ni de » promptitude à retenir. En effet, cela » est naturel à l'homme; et comme

» l'oiseau est né pour voler, le cheval » pour la course, et les bêtes féroces » pour le carnage, de même l'exercice » de la pensée et les talens de l'esprit ap- » partiennent à l'humanité ; c'est même » ce qui a fait croire que l'ame a une » origine céleste. Les hommes stupides » et indisciplinables ne sont pas plus » selon l'ordre de la nature, que cer- » taines monstruosités physiques, et » sont en effet en très-petit nombre. » La preuve en est que dans les enfans » on apperçoit déja le germe et l'espé- » rance de beaucoup de qualités, et » quand ce germe vient ensuite à périr, » c'est la culture qui a manqué et » non pas la nature. » Y a-t-il rien dans ce passage d'où l'on puisse conclure autre chose que ce dont tout le monde est convenu de tout temps, que beaucoup de dispositions se perdent faute d'être cultivées; qu'il y a très-peu d'hommes entièrement inhabiles à toute conception ; que ceux même qui en ont le plus ont besoin de l'exercer, et par conséquent doivent beaucoup à l'éducation? Est-ce de bonne-foi qu'Helvétius a cru voir là son principe d'une aptitude égale dans tous les esprits ? Qu'on juge ce qu'il faut en penser, par cette phrase qui suit immédiatement ce que je viens de citer, et qu'Helvétius s'est bien gardé de traduire. « Sans doute tel homme surpasse tel » autre homme en génie ; je le sais bien ; » il s'ensuit seulement que l'un pourra » plus que l'autre ; mais il n'y en a point » à qui l'étude ne puisse apprendre » quelque chose. » Cela est-il assez clair et assez positif ? Je ne me refuserai pas des réflexions qui sans doute se présentent d'elles-mêmes à tout le monde, mais sur lesquelles il importe de s'arrêter. Vous voyez qu'il ne s'agit plus ici d'une préoccupation aveugle qui méconnaît des vérités de raisonnement ; il s'agit d'une fausseté réfléchie sur des vérités de fait. Ce n'est plus ici erreur : c'est mensonge. Helvétius ne pouvait pas se méprendre sur un passage aussi clair que celui qu'il traduit : il faudrait être stupide, et certes il ne l'était pas. Il a si bien entendu ce passage, qu'il a supprimé la dernière phrase, qui le condamne trop manifestement pour qu'il y ait lieu au doute ni à la méprise. Cette seule suppression suffirait pour démontrer l'intention de tromper. Heureusement ce n'est pas en matière grave, et l'absurde paradoxe de l'égalité des esprits ne peut pas avoir les mêmes conséquences que celui de l'égalité universelle et absolue, monument à jamais exécrable de la démence révolutionnaire. Mais enfin le mensonge est avéré : il est inexcusable : il l'est doublement, dans un philosophe que ce seul titre avertit de respecter la vérité, dans un auteur qui s'annonce pour la dire au public. Qu'il lui donne son opinion pour la vérité ; jusques-là on peut l'excuser : s'il se trompe, le lecteur en jugera. Mais pour ajouter l'autorité à son opinion, il s'appuie de celle de Quintilien, dont il sait qu'on estime le jugement. Il en traduit un morceau et en retranche la dernière phrase qui est décisive contre lui, au point que dans cette phrase l'auteur dit précisément le contraire de l'écrivain français. Il a donc trompé et voulu tromper ; et voilà le premier qui se présente à nous, parmi ces soi-disant philosophes qui seront désormais rangés dans la classe des plus dangereux sophistes, le voilà pris en flagrant délit ; et qui osera dire que ce mensonge n'est pas vil et cet artifice coupable ? Quoi ! vous, professeur de vérité, puisque vous vous appelez philosophe, vous en imposez à ce point au public; et parce que vous présumez que peu de lecteurs iront vérifier le passage de Quintilien, vous vous permettez de citer en votre faveur ce qui est formellement contre vous ! Ne sentez-vous pas que dès-lors vous vous avouez vous-même indigne de toute confiance ? Dès que la mauvaise foi est prouvée, n'est-il pas reconnu que vous n'écrivez pas pour éclairer les hommes, mais pour les égarer; que pour vous l'intérêt de la vérité n'est rien, et que celui de votre opinion est tout ? et que s'ensuit-il pour tout homme sensé ? Que votre opinion est fausse de votre aveu; car jamais la vérité n'a eu besoin d'être soutenue par le mensonge : c'est un principe sans exception. La vérité et le mensonge sont aussi inconciliables que le jour et la nuit.

Souvenez-vous tous de ce principe, quand j'aurai occasion de l'appliquer à tous les autres sophistes de la même classe; et vous en conclurez que toute cette *philosophie* n'était qu'un pur charlatanisme, aussi méprisable dans son intention que dans ses moyens, et que ceux qui ont fait métier de débiter des paradoxes dans leurs livres, n'étaient pas plus scrupuleux que ceux qui débitent leurs drogues sur des tréteaux.

Et pourtant, me dira-t-on, Helvétius était un honnête homme. Oui, et la conséquence que j'en tire n'en est que plus terrible contre *la philosophie* que je combats. Qu'est-ce donc que cette *philosophie*, qui fait d'un honnête homme, dès qu'il veut la soutenir, ce qu'il ne serait jamais en aucune autre occasion, un menteur? Qu'est-ce qu'une doctrine que des hommes honnêtes ne peuvent défendre que par des moyens qui ne le sont pas? Plus vous aurez prouvé pour l'homme, plus vous prouverez contre sa cause; et sans doute il faut qu'elle soit bien mauvaise, puisqu'elle le rend si différent de lui-même. C'est tout ce que je voulais conclure, et cette conclusion est grave, péremptoire, accablante, et je défie tous nos *philosophes* réunis ensemble de pouvoir y échapper.

Venons maintenant à Locke, qui n'est pas plus que Quintilien de l'avis d'Helvétius. Il s'exprime ainsi dans son Traité de l'Éducation. « Je crois pouvoir assurer » que de cent hommes il y en a plus de » quatre-vingt-dix qui sont ce qu'ils » sont, bons ou mauvais, utiles ou nui-

» sibles à la société, par l'instruction » qu'ils ont reçue. C'est de l'éducation » que dépend la grande différence ap- » perçue entr'eux. Les moindres et les » plus insensibles impressions reçues » dans notre enfance, ont des consé- » quences très-importantes et d'une » longue durée. Il en est de ces pre- » mières impressions comme d'une riviè- » re, dont on peut sans peine détourner » les eaux en divers canaux par des routes » tout-à-fait contraires; de sorte que par » la direction insensible que l'eau reçoit » au commencement de sa source, elle » prend différens cours, et arrive enfin » dans des lieux fort éloignés les uns » des autres. C'est, je pense, avec la » même facilité qu'on peut tourner les » esprits des enfans du côté qu'on veut. »

Qui ne voit clairement qu'il s'agit ici des habitudes morales, du caractère, et non point de l'esprit et du génie? Et cependant, même sous ce point de vue, Locke n'attribue à l'éducation une influence décisive que sur le plus grand nombre et non pas sur tous. Il savait qu'il y a des caractères tellement vicieux que rien ne peut les réformer; d'autres si heureux que rien ne peut les corrompre. Titus et Domitien avaient reçu la même éducation : l'un fut un demi-dieu ; l'autre un monstre.

C'est en effet sur les dispositions morales que l'éducation a le plus grand pouvoir. Une attention continuelle à graver dans une jeune tête des idées de justice, d'honnêteté, de bonté, de respect pour la vertu, de mépris pour le vice, à faire sentir la honte et le poids d'une faute, le mérite et le plaisir d'une bonne action, sur-tout l'idée habituelle d'un Dieu mis avant tout, comme témoin et juge de tout, peut, dans la plûpart des hommes, qui sont naturellement sensibles à la louange et au blâme, à l'espérance et à la crainte, tourner en habitude et en principe l'amour du bien et l'horreur du mal. C'est ainsi que l'éducation, si elle fait rarement des hommes de talens, peut souvent faire d'honnêtes gens et de bons citoyens. Quel rapport y a-t-il de ces vérités connues au paradoxe inoui d'Helvétius ?

Ici du moins lui-même a paru sentir que ce passage du livre de l'*Education* ne décidait rien pour sa thèse. « A la » vérité, dit-il, Locke n'affirme point

» expressément que tout les hommes
» communément bien organisés, aient
» une égale aptitude à l'esprit.....»
Il l'affirme si peu, qu'il n'en dit pas un mot, ni rien qui en approche. « Mais
» il y dit ce que lui avait appris l'ex-
» périence journalière....» Eh bien ! cette expérience ne lui a rien appris qui ait trait à ce que vous dites. « Ce phi-
» losophe n'avait point réduit toutes
» les facultés de l'esprit à la capacité
» de sentir, principe qui peut seul
» résoudre cette question. »

Je le crois bien : Locke qui n'avait point établi de faux principes, n'était point nécessité à de fausses conséquences, et n'appelait point cela *résoudre une question*.

Helvétius aime beaucoup les historiettes et les anecdotes, et c'est un goût assez général. Elles peuvent amuser dans un livre comme dans la conversation ; mais si dans un système de métaphysique on veut les convertir en preuves, c'est pour le coup que l'on peut appliquer fort à propos le mot de ce géomètre, qui disait, fort mal à propos, en voyant la tragédie de Phèdre, *qu'est-ce que cela prouve?* Voyons quelques-uns des exemples, cités comme des preuves que *nous devons les hommes illustres au hasard des circonstances.*

« La mère de Vaucanson était dévote:
» son directeur habitait une cellule à
» laquelle la chambre de l'horloge ser-
» vait d'anti-chambre. La mère rendait
» de fréquentes visites à ce directeur.
» Son fils l'accompagnait jusques dans
» l'anti-chambre : c'est-là que seul et
» désœuvré il pleurait d'ennui, tandis
» que sa mère pleurait de repentir. Ce-
» pendant comme on pleure et qu'on
» s'ennuie toujours le moins qu'on peut;
» comme dans l'état de désœuvrement
» il n'est point de sensations indiffé-
» rentes, le jeune Vaucanson, bientôt
» frappé du mouvement toujours égal
» d'un balancier, veut en connaître la
» cause; sa curiosité s'éveille : pour la
» satisfaire, il s'approche des planches
» où l'horloge est renfermée. Il voit à
» travers les fentes l'engrénement des
» roues, découvre une partie de ce
» mécanisme, devine le reste, projette
» une pareille machine, l'exécute avec
» un couteau et du bois, et parvient
» enfin à faire une horloge plus ou moins
» parfaite. Encouragé par ce premier

» succès, son goût pour la mécanique
» se décide, ses talens se développent,
» et le même génie qui lui avait fait exé-
» cuter une horloge en bois, lui laisse
» entrevoir dans la perspective la possi-
» bilité du flûteur automate. » Fort bien; mais ici je suis le géomètre et je dis, *qu'est-ce que cela prouve?* « Que nous
» devons Vaucanson à la dévotion de
» sa mère. » Oh ! non : c'est s'arrêter en trop beau chemin, et il y a ici bien bien plus d'un hasard. Je soutiens moi que c'est à l'horloge; car la mère avait beau être dévote, si l'horloge n'eût pas été là, il n'y avait plus de Vaucanson. Mais ce n'est pas tout : il ne suffisait pas qu'elle fût là; il fallait encore que la cellule en fût voisine : ainsi je suis autorisé à dire que si le directeur n'eût pas été logé près de la cellule, nous n'avions point de Vaucanson. On sent jusqu'où je pourrais aller; et quoique ceci n'ait l'air que d'une plaisanterie, c'est pourtant au fond un raisonnement très-solide; car il rentre dans cet axiôme, qu'une proposition est nécessairement fausse, quand ses conséquences sont absurdes et ridicules. Le sophisme d'Helvétius consiste dans ces expressions :

Nous devons le génie de Vaucanson à la dévotion de sa mère; comme si la dévotion d'une femme eût été ou pouvait être la cause *efficiente* du génie de son fils. Il est évident au contraire que ces visites au directeur, et la chambre de l'horloge et le voisinage de la cellule, etc. n'ont été que les causes *occasionnelles* du développement des dispositions particulières de Vaucanson pour la mécanique. Cent autres causes pouvaient y donner lieu, et pouvaient aussi ne pas avoir lieu. On sait bien que les occasions et les secours manquent souvent au talent. Voltaire a dit :

Peut-être qu'un Virgile, un Cicéron sauvage
Est chantre de paroisse, ou juge de village.

Mais ce qui démontre que ce ne sont pas ces secours et ces occasions qui font le talent, c'est la quantité de gens qui ont eu en ce genre tout ce que l'on peut souhaiter, et qui sont restés au-dessous de la médiocrité. Ainsi le raisonnement d'Helvétius ne prouve rien, si ce n'est qu'il n'y a point d'effet sans cause, ce qu'assurément personne ne lui niera. L'effet, c'est le développement d'une aptitude préexistante; la cause, c'est un concours de circonstances quelconques sans lesquelles cette aptitude ne se développerait pas; mais pour qu'elle soit avertie et qu'elle se développe, il faut qu'elle existe, et personne ne peut la donner à celui qui ne l'a pas.

Supposons que Vaucanson ait eu l'esprit naturellement tourné à la poésie, comme il l'avait à la mécanique, il eût fait une satyre contre les directeurs et les dévotes. S'il avait eu un goût naturel pour la peinture, il se serait amusé à dessiner en caricature sa mère aux pieds du directeur; et dans tous ces cas, ce bon moine et sa pénitente n'auraient fait ni un poëte, ni un peintre, ni un mécanicien.

Que dans une vie ou un éloge de l'auteur du Cid, on dise que nous devons le grand Corneille à l'amour, que les vers qu'il fit pour une jeune veuve de Rouen qu'il célébrait sous le nom de Mélite, éveillèrent sa verve poétique; ces figures ne blesseront personne, parce que tout le monde les apprécie à leur valeur. Mais comment un philosophe vient-il nous dire avec tout le sérieux de la dialectique :

« Corneille aime, il fait des vers pour
» sa maîtresse, devient poëte, compose
» Mélite, puis Cinna, Rodogune, etc.
» Il est l'honneur de son pays, un
» objet d'émulation pour la postérité.
» Corneille *sage* fût resté avocat : il eût
» composé des factums, oubliés comme
» les causes qu'il eût défendues. »

Passons sur cette expression bien extraordinaire dans une discussion philosophique, Corneille *sage*, pour dire Corneille sans amour, comme s'il suffisait, pour être *sage*, de n'être pas amoureux, ou comme s'il n'y avait pas d'amour qui pût s'accorder avec la *sagesse*. Passons sur ce rigorisme de paroles, quoiqu'en vérité bien singulier dans un livre où l'on réduit tout, absolument tout, à la *sensibilité physique*, et particulièrement aux plaisirs de l'amour; ce n'est qu'une inconséquence de plus. Mais pourquoi donc Corneille eût-il resté avocat, s'il n'avait pas été amoureux de sa Mélite ? Est-ce qu'il n'y avait pas cent autres occasions qui auraient pu donner le premier mouvement à ce génie vigoureux ? N'y avait-il qu'une étincelle qui pût allumer ce feu qui ne demandait qu'à se répandre ?

Combien, au contraire, il eût fallu d'obstacles pour l'étouffer ? Qui ne sait tout ce qu'on a inutilement tenté pour anéantir le génie dans son premier germe, depuis Ovide jusqu'à Voltaire ? Et si les circonstances décidaient, comment auraient-ils surmonté tout ce qu'on opposait à la tendance irrésistible qui les entraînait ?

Le dernier exemple que je citerai d'Helvétius, présente encore un rapport plus chimérique. « Cromwel meurt : son » fils lui succède ; il est chassé de l'An» gleterre. Milton partage son infortune, » perd la place de secrétaire du Protec» teur ; il est emprisonné, puis relâché, » puis forcé de s'exiler. Il se retire enfin » à la campagne, et là dans le loisir de » la retraite et de la disgrace, il com» pose le poëme, qui projeté dans sa » jeunesse, l'a placé au rang des plus » grands hommes. » Et l'auteur conclud, comme à son ordinaire : *la mort de Cromwel nous a donné Milton.*

Quoi ! il suffisait que Milton fût retiré à la campagne pour qu'il fît un poëme épique ! Voilà une singulière détermination. Il y a tant d'autres choses à faire à la campagne que des poëmes ;

et Addisson n'en a-t-il pas fait pendant son ministère ?

Au reste, on a tellement abusé de toute façon, de ce vieil argument de la progression des causes et des effets, qu'il n'est pas inutile, pendant que nous en sommes à la métaphysique, d'éclaircir un des lieux communs de cette science qu'on a le plus embrouillé.

Cette même manière de raisonner ou de déraisonner dont se sert Helvétius au sujet des talens, on l'a souvent appliquée aux événemens politiques, et ce qui a servi à la faire adopter, c'est une sorte de plaisir que l'on trouve à réduire les grands effets aux petites causes. On a, par exemple, répété cent fois qu'une jatte d'eau répandue par la duchesse de Marlborough sur la robe de M.me Masham, avait été le salut de la France, parce qu'il s'ensuivit une brouillerie entre la duchesse favorite et la reine Anne, que cette brouillerie amena la disgrace de Marlborough, et un nouveau ministère qui détacha les Anglais de la grande alliance. Il est bon, je le sais, que l'histoire remarque ces petites particularités qui se mêlent naturellement aux plus grandes affaires; et si l'on y prend garde, ce mélange n'a rien de singulier; car la disproportion apparente entre ce qu'on nomme la cause et l'effet, est ici la suite nécessaire de la différence de rang et de pouvoir. Les personnes qui occupent les places les plus considérables, sont susceptibles des mêmes passions que les autres, et ces passions occasionnent les mêmes incidens : ces incidens qui dans les conditions inférieures n'auraient qu'une influence obscure et bornée, en ont une très-sensible et très-étendue dans les personnes qui ont entre leurs mains les destinées publiques. Tout le monde d'ailleurs est à portée de remarquer ces incidens, et peu d'hommes réfléchissent assez pour remonter plus haut et s'appercevoir que ces faits, assez indifférens en eux-mêmes, ne paraissent des causes qu'autant qu'on oublie qu'ils tiennent à un ordre de choses beaucoup plus sérieux et plus suivi. Ainsi, pour me renfermer dans l'exemple que j'ai choisi, j'accorderai que la jatte d'eau fut une insulte assez marquée pour blesser la reine Anne, qui aimait assez lady Masham, pour que le crédit de cette nouvelle favorite commençât à balancer celui de la duchesse de Marlborough. Mais j'observerai d'abord que cette querelle n'était point du tout décisive, et n'entraînait nulle conséquence certaine. On sait qu'il ne tenait qu'à la duchesse de conserver encore long-temps son ascendant sur la reine, pour peu qu'elle eût voulu mettre moins de hauteur dans sa conduite et d'aigreur dans ses manières. C'est elle qui avait tort : elle écrit à sa souveraine : *faites-moi justice et ne me faites point de réponse.* Ce fut cette lettre qui la perdit et qui devait la perdre. A force de faire sentir le joug, on engage à le secouer. Il y a plus : la disgrace même de la duchesse, de son mari, de toute sa famille, le changement de ministère, toutes ces circonstances réunies ne suffisaient pas, à beaucoup près, pour amener la paix de l'Angleterre et de la France. Tant que la nation anglaise voulait la guerre, il était très-difficile à la reine et à son nouveau conseil de ne pas la continuer. Un événement de la plus grande importance changea et dut changer les dispositions des Anglais : ce fut la mort de l'empereur Joseph I, qui laissait à son frère Charles, outre l'empire et tous les états de la maison d'Autriche, cette immense succession d'Espagne pour laquelle on combattait. Il devenait dès-lors infiniment plus dangereux pour la liberté de l'Europe, de donner tant d'états à la maison d'Autriche, qui, par sa situation en Allemagne et en Italie, est susceptible d'accroissemens continuels et illimités, que de consentir à la réunion des couronnes de France et d'Espagne dans une même maison; mais sous la condition qu'elles ne seraient jamais sur la même tête. L'empereur Charles VI, au contraire, aurait tout réuni sur la sienne, puisque les alliés lui avaient déja garanti la succession d'Espagne. L'accroissement possible de la France était circonscrit dans des limites naturelles à-peu-près connues, et l'on savait assez qu'en aucun cas, l'Espagne et la France n'obéiraient à un même roi. Il était donc beaucoup plus sage de laisser le trône d'Espagne à une des branches de la maison de Bourbon, que de ressusciter ce colosse de puissance dont Charles-Quint avait une fois effrayé l'Europe. Ces considérations vraiment politiques déterminèrent seules la nation Anglaise, qui d'ailleurs trouvait de grands avantages à terminer une guerre qui lui coûtait des dépenses énormes. Elle soudoyait la plus grande partie des alliés : les conquêtes que l'on faisait en Flandre ne pouvaient jamais être pour elle : elle avait voulu l'abaissement de Louis XIV et l'avait obtenu : on lui laissait Gibraltar et Minorque, démembremens de la monarchie espagnole : on accordait à sa jalousie la démolition du port de Dunkerque, à son commerce dans les deux mondes toute la supériorité qu'elle pouvait desirer, à son agrandissement la baie d'Hudson, Terre-neuve et l'Acadie : que lui fallait-il de plus ? Ce fut donc réellement à la combinaison des arrangemens politiques, suites de la mort de Joseph, aux sacrifices nécessaires de Louis XIV et de Philippe V, et sur-tout à la victoire de Dénain, que la France dut son salut, et non pas aux petites querelles de deux femmes qui se disputaient la faveur de leur reine.

Tout est lié dans le monde par un concours de circonstances, qui forment des causes et des effets : l'esprit de discernement consiste à démêler celles qui sont décisives, soit qu'elles paraissent fortuites, soit que le caractère des hommes les détermine. L'esprit de singularité se plaît à choisir les plus indifférentes et les plus frivoles : l'esprit sophistique va plus loin et abuse des termes abstraits pour enfanter des systêmes incompréhensibles, tels que ceux de la *nécessité*, de la *fatalité*, qui au fond ne signifient rien ; mais sur lesquelles on a tant disputé, qu'il faut bien au moins exposer ici en peu de mots, ce qu'on peut penser de raisonnable sur ces matières, obscurcies comme à plaisir par des subtilités qui ne tendent qu'à détruire la liberté de l'homme. Helvétius l'a niée formellement, et long-temps après lui Voltaire, qui avait pendant quarante ans défendu cette liberté, en prose et en vers, finit par se ranger à l'avis d'Helvétius et par être fataliste comme lui, si pourtant Voltaire a jamais été en philosophie autre chose que sceptique. On sait qu'en ce genre il a soutenu toutes les opinions tour-à-tour, parce qu'il n'y portait guères que son imagination, c'est-à-dire, ce qu'il y a de plus mobile par soi-même, et ce qui l'était en lui au suprême degré. Je crois pouvoir, sans trop m'écarter, le rapprocher ici d'Helvétius, dans une même réfutation, puisqu'il s'agit d'une même thèse. Le passage suivant, tiré d'un dialogue où Voltaire fait converser un

Jésuite et un Bramine, montre en entier l'abus qu'on peut faire de la connexion des causes et des effets. Voici ce que dit l'Indien qui soutient la *nécessité*.

« Je suis, tel que vous me voyez,
» une des causes principales de la mort
» de votre bon roi Henri IV, et vous
» m'en voyez encore affligé.

LE JÉSUITE.

» Votre révérence veut rire apparem-
» ment. Vous, la cause de l'assassinat
» de Henri IV !

LE BRAMINE.

» Hélas ! oui. C'était l'an 983000 de
» la révolution de Saturne, qui revient
» à l'an 1550 de votre ère. J'étais jeune
» et étourdi. Je m'avisai de commencer
» une petite promenade du pied gauche,
» au lieu du pied droit, sur la côte de
» Malabar, et delà suivit évidemment
» la mort de Henri IV.

LE JÉSUITE.

» Comment cela, je vous supplie ?
» Car nous qu'on accusait de nous être

» tournés de tous les côtés dans cette
» affaire, nous n'y avons aucune part.

LE BRAMINE.

» Voici comme la destinée arrangea » la chose. En avançant le pied gauche, » comme j'ai l'honneur de vous dire, je » fis tomber malheureusement dans l'eau, » mon ami Eriban, marchand Persan, » qui se noya. Il avait une fort jolie » femme, qui convola avec un marchand » Arménien ; elle en eut une fille qui » épousa un Grec ; la fille de ce Grec » s'établit en France, et épousa le père » de Ravaillac. Si tout cela n'était pas » arrivé, vous sentez que les affaires de » France et d'Autriche auraient tourné » différemment : le système de l'Europe » était changé. Les guerres entre l'Al- » lemagne et la Turquie auraient eu » d'autres suites ; ces suites auraient » influé sur la Perse, la Perse sur les » Indes, etc. Vous voyez que tout tenait » à mon pied gauche, lequel était lié à » tous les événemens de l'Univers pas- » sés, présens et futurs. »

Vous croyez peut-être que l'auteur de ce dialogue a voulu s'égayer aux dépens des fatalistes : point du tout ; il parle très-sérieusement ; il a soutenu en vingt autres endroits le système de la nécessité, c'est-à-dire que tous les événemens de ce monde sont éternellement asservis à un ordre constant qui les enchaîne les uns aux autres, les plus petits comme les plus grands, par des loix immuables. Je puis assurer que jamais je n'en ai cru un mot, et que ce système m'a toujours paru un jeu de l'imagination, une pure chimère, qui ne sauroit soutenir un examen sérieux. Je le prouve par un raisonnement bien simple : si tout est nécessaire, il n'y a rien d'indifférent ; tout doit être réciproquement cause et effet. Or, il est ridicule de nier que dans le cours ordinaire des choses, il n'y en ait une foule qui sont absolument indifférentes, c'est-à-dire qui peuvent être ou ne pas être, sans qu'il en résulte aucun effet. Qu'une araignée mange une mouche, ou que je tue l'araignée, que je me promène au nord ou au midi, que je mange à mon dîner du bœuf ou du mouton, et cent mille autres choses semblables, je voudrais bien qu'on me dît en quoi tous ces faits sont *nécessairement* liés à l'ordre de l'univers, et ce qui en résulte, soit qu'ils arrivent ou qu'ils n'arrivent pas. Je sais bien qu'on a souvent remarqué que des choses qui par elles-mêmes paraissaient indifférentes, ont eu des effets importans; mais jamais il n'a été permis de conclure du particulier au général; et parce qu'il sera arrivé une fois que je me serai cassé la jambe pour avoir été d'un côté de ma chambre plutôt que d'un autre, il n'en est pas moins vrai que mille autres fois il n'ait été très-indifférent que je m'y promenasse en long ou en large, et qu'il n'y ait jusqu'ici que le *Malade imaginaire* de Molière qui ait cru y voir quelque conséquence. Donc, jusqu'à ce qu'on ait prouvé par le fait qu'il n'y a pas dans toute la nature un mouvement indifférent, et qu'un oiseau ne vole pas à droite ou à gauche, sans qu'il en résulte quelque chose, la nécessité de tous les événemens sera contradictoire et impossible.

Le même sophisme que j'ai indiqué dans le raisonnement d'Helvétius sur Vaucanson, se retrouve dans celui de Voltaire, sur la mort de Henri IV; et puisqu'il faut répondre sérieusement à des choses dont on serait tenté de rire, si elles ne tenaient à des systêmes très-sérieusement soutenus ; il est faux que dans l'hypothèse du Bramine, la promenade commencée du pied gauche sur la côte du Malabar, soit la *cause* du meurtre de Henri IV ; car il faudrait, pour que cette assertion fût vraie, que tous les événemens que l'on suppose depuis la mort du marchand de Perse, en fussent une suite *nécessaire*. Or, qui osera dire que de la mort de ce Persan qui se noie, il s'ensuive *nécessairement* que sa veuve se remarie avec un marchand Arménien ; qu'elle en ait une fille ; que cette fille épouse un Grec ; que la fille de ce Grec s'établisse en France, et épouse le père de Ravaillac ? Certes tous ces événemens sont ce qu'on appelle en philosophie des *futurs contingens*, et je ne conçois pas comment on pourroit dire qu'ils sont *nécessaires* dans quelque sens que ce soit, ni ce qui pourrait en constituer la *nécessité*. Il est bien vrai que si l'on n'eût pas mis au monde Ravaillac, ce monstre n'aurait pas existé, et par conséquent n'aurait assassiné personne. Mais voici précisément où est le faux de cet argument ; c'est qu'il ne s'ensuit point du tout de ce qu'une chose doit en précéder une autre, que la première soit la *cause* de la seconde. Un homme sort de chez lui ; il a une querelle : il est tué. Il est sûr que s'il ne fût pas sorti, cela ne serait pas arrivé ; mais il est également sûr que de ce qu'il est sorti, il ne s'ensuivait nullement qu'il dût avoir une querelle ; car cette querelle peut et doit tenir à des causes absolument indépendantes de sa sortie. Si l'on admettait cette manière de remonter d'un fait à ceux qui lui sont nécessairement antérieurs, la progression irait à l'infini, et il faudrait remonter jusqu'à l'origine du monde ; car jusques-là on pourrait toujours dire de chaque chose : elle ne serait pas, si telle autre n'eût été auparavant. Or, quoi de plus absurde que de dire que ce qui arrive aujourd'hui à tous les individus qui couvrent ce globe, a pour *cause* la création du premier homme? Encore une fois, pour le prouver, il faudrait faire voir que chaque fait, sans en excepter un seul, est une dépendance *nécessaire* d'un autre, de manière que l'un ne puisse pas ne point produire le second. Or, de quelles actions humaines pourra-t-on affirmer cette dépendance? Qui ne sait à quel point elles varient sans cesse dans leurs conséquences ? Il n'y a que les loix physiques générales où l'on ait jusqu'ici observé cette liaison de causes et d'effets qui tient aux propriétés essentielles des corps, et produit toujours les mêmes phénomènes depuis le commencement du monde. C'est là seulement qu'il y a *nécessité* ; l'on conçoit qu'il le falloit pour entretenir l'harmonie et la permanence dans le systême du monde, et que par conséquent elle entrait dans la sagesse des vues du Créateur. Mais la *nécessité* des actions de l'homme, comment l'accorder avec le don de l'intelligence que lui a fait l'auteur de la nature, et qui suppose nécessairement ici bas celui de la liberté ? Avec le fatalisme, il n'y en a plus. Il faut voir comment Helvétius attaque par d'autres argumens cette liberté où m'a conduit le fatalisme, dont il n'est pas question d'ailleurs dans le livre de l'Esprit. Il s'autorise d'abord d'un passage de Mallebranche pour affirmer que *la liberté de l'homme est un mystère.*

Il y a ici mauvaise foi et inconséquence : 1°. dans tout ce que Mallebranche a écrit sur cette matière, il a mêlé la théologie chrétienne à la philosophie ; et dès-qu'il s'agit de l'action de Dieu sur les créatures, de ce que les chrétiens appellent *grâce et prédestination*, il peut, il doit sans doute y avoir des mystères, c'est-à-dire des secrets que Dieu s'est réservés. Il suffit pour nous, chrétiens, qu'il nous ait révélé dans les écritures et par l'organe de son église, ce que nous pouvons savoir et ce que nous devons croire. La raison d'ailleurs suffit pour nous faire comprendre qu'il peut, qu'il doit même y avoir dans les opérations d'une justice et d'une bonté également infinies, des choses au-dessus de notre intelligence finie ; et c'est là que Mallebranche *s'arrêtait tout court*, et disait comme St Paul : *O altitudo !* Ce n'est donc pas de bonne foi qu'Helvétius applique à une question purement philosophique ce qui est de la théologie. Il est de plus très-inconséquent, dans un livre où il n'est pas plus parlé de Dieu et de religion, que s'il n'y en avait pas, dans un livre dont toute la doctrine tend à nier l'un et l'autre, de se servir, en passant, de ce qu'il peut y avoir de mystérieux dans l'action divine et dans la révélation, pour s'autoriser à nier la liberté de l'homme, que cette action divine et cette révélation ne détruisent nullement. Si dans ces matières le chrétien Locke n'a voulu être que métaphysicien, il me semble qu'à plus forte raison, Helvétius ne devait pas être autre chose. Or, si nous voulons n'interroger que nous-mêmes, et nous consulter de bonne foi, nous verrons que Loke a très-bien conçu ce que c'est que notre liberté, et je ne vois pas pourquoi l'on croirait inexplicable ce que le plus circonspect et le plus modeste des philosophes a cru pouvoir expliquer, et ce qu'en effet il explique très-clairement.

Avant lui, la question avait été mal posée, et par conséquent mal résolue : on demandait *si la volonté est libre*. On ne s'appercevait pas que la liberté étant une puissance, une faculté, elle ne peut s'appliquer qu'à un agent, et non pas à une autre faculté. C'est pourtant cet abus de mots, cette espèce de battologie qui a tout embrouillé. Les partisans de la *nécessité* n'ont pas manqué de dire que la volonté est une détermination de l'entendement, qu'il n'y a point de détermination sans motif, sans quoi il y aurait des effets sans cause, ce qui est impossible, et que par conséquent la volonté n'est pas libre. Ce sophisme fondé sur l'équivoque des termes abstraits, est facile à éclaircir. Sans doute la volonté en acte, la volition, comme l'appelle Loke, pour la distinguer de la volonté en puissance, est toujours déterminée par un motif, et cette détermination est nécessaire, sans quoi l'homme pourrait à la fois vouloir et ne vouloir pas, ce qui répugne. Mais en conclure que l'homme qui veut n'est point un agent libre, parce qu'il y a une raison qui le détermine à vouloir, c'est la plus grande de toutes les absurdités. Vous avez soif : on vous présente d'un côté un breuvage empoisonné, de l'autre un breuvage sain et délicieux. Vous rejetez l'un et prenez l'autre : « Votre » volonté n'est pas libre, disent les so» phistes; elle est nécessairement déter» minée par la connaissance que vous » avez du danger de ce poison, et vous » n'êtes pas le maître de ne pas vouloir; » et il en est de même proportionnelle» ment de toutes les actions de la vie. »

Est-il possible que ces puériles subtilités s'appellent de la philosophie ? Certes, le choix que je fais est la suite nécessaire d'une double perception, qui me montre d'un d'un côté le danger de mourir, et de l'autre un besoin satisfait sans péril, et mon choix est nécessairement lié à la comparaison que je fais des deux objets, comme tout effet est lié à sa cause. Mais ce choix est une action, et moi, agent, je suis libre précisément parce que je peux me déterminer suivant le jugement que je porte des objets. Allons plus loin, et supposons que devoré de soif, j'apprenne que le breuvage est empoisonné. Ma raison compare le tourment de la soif et l'horreur de la mort. Je préfère de souffrir l'un pour échapper à l'autre. Assurément je suis libre ; car il y a ici tout ce qui peut caractériser la liberté, examen, suspension et préférence ; et si l'on objecte encore que je ne suis pas libre, parce que ma préférence est motivée, je réponds que pour être libre dans le sens où on le veut, il faudrait donc que je fusse en contradiction avec moi-même, que je pusse à-la-fois avoir une détermination et ne l'avoir pas : or, c'est supposer et demander l'impossible ; car ma liberté ne peut consister que dans le pouvoir de me déterminer suivant mon jugement, quel qu'il soit. Aussi Locke définit la liberté : « La puissance qu'a

» un agent de faire telle action ou de » ne la pas faire, conformément à la dé- » termination de son esprit, en vertu de » laquelle il préfère l'un à l'autre. » En voilà de la philosophie; en voilà de cette métaphysique lumineuse, de cette logique sûre, qui seules enseignent à bien définir. Pressez chaque mot de cette définition: toute vérité y est contenue; toute objection y est prévenue. C'est-là manier les idées en grand philosophe, comme Racine savait manier les mots en grand poëte : c'est ainsi qu'on tire la substance des uns et des autres. Mais aussi c'est Locke, et ce nom et celui de Racine sonnent de même à l'oreille des amateurs de la bonne philosophie et de la bonne poésie : tous deux rappellent la perfection. Vous voyez si je suis moins sensible au mérite de l'un qu'à celui de l'autre. Je me rappelle que dans le temps où, comme journaliste, j'étais obligé parfois de faire justice des mauvais vers, les rimeurs mécontens ne manquaient pas de dire que j'étais *ennemi de la poésie*. Hélas ! je l'étais comme je le suis de la philosophie. Demandez aujourd'hui le nom de ces rimeurs qui faisaient alors tant de vacarme : leur nom seul, depuis long-temps apprécié, vous dira comme ils étaient poëtes, et quel droit ils avaient de réclamer pour la poésie ; et bientôt aussi le nom de ces sophistes mis enfin à leur place, dira comme ils étaient philosophes, et quels étaient leurs titres pour entrer en lice au nom de la philosophie. La définition de Locke renferme toute la théorie de la liberté de l'homme ; et celle que des rêve-creux voudraient que nous eussions, et qu'ils appellent dans leur jargon *liberté d'indifférence*, n'est autre chose que la puissance chimérique de vouloir ne pas vouloir , c'est-à-dire, une impossibilité métaphysique, une contradiction dans les termes, un non-sens.

Helvétius, il est vrai, rejette avec Locke, cette chimère de *la liberté d'indifférence* ; mais il est loin de reconnaître avec lui celle que nous avons. Il ne conçoit même pas comment nous pourrions en avoir une quelconque, attendu que *tous les hommes tendant continuellement vers leur bonheur réel ou apparent, toutes nos volontés ne sont que l'effet de cette tendance*. Voilà une belle découverte et un beau raisonnement ! Personne ne lui niera que la tendance au bien-être ne nous soit aussi essentielle que l'amour de nous-mêmes, que le soin de notre conservation, ou plutôt ne soit la même chose sous un autre nom; car on ne veut être que pour être bien. Mais que peut-on en conclure contre la liberté, s'il est vrai, comme on n'en peut douter, que chacun desirant le bonheur, chacun se détermine à son gré sur les moyens d'y parvenir, suivant son goût et ses lumières ? C'est une vérité de fait si manifeste, que l'auteur lui-même ne refuse pas d'en convenir; mais il réplique que l'*on ne fait que confondre deux notions*, et que dans ce cas, *libre n'est que le synonyme d'éclairé*. C'est se tromper doublement; car d'abord c'est se contredire dans les termes, que de reconnaître pour *éclairé* un être qui ne serait pas moralement *libre*. Comment et pourquoi serait-il l'un, s'il n'était pas l'autre? A quoi bon des lumières pour choisir, si l'on est nécessité dans son choix? Et comment pouvez-vous voir des lumières dans ce choix, si ce choix est nécessaire? Cela est inconciliable : c'est comme si vous disiez qu'une balle qui a touché le but a visé juste. De plus, il est évidemment faux que le choix des moyens, qui prouve qu'on est libre, prouve en même temps qu'on est éclairé : c'est encore ici une vérité de fait à laquelle le plus mauvais raisonneur ne peut échapper. Il est de fait que, si les uns choisissent selon leur raison, les autres (et c'est le plus grand nombre) choisissent selon leurs passions, qui, bien loin d'être *éclairées*, sont naturellement aveugles.

Concluons : ces mots de *nécessité*, de *fatalité*, qui enchaînent également les volontés de l'homme et tous les événemens de ce monde, sont des mots vides de sens, comme celui de hasard : nous nous en servons par ignorance, par faiblesse, par précipitation, pour exprimer des effets dont les causes nous échappent, parce que nous ne saurions tout savoir. Et d'où viendrait cette nécessité ? Est-il probable que l'Auteur de toutes choses ait créé des êtres intelligens, pour que cette intelligence ne leur servît à rien ? Que nous fait la pensée, la raison, si nous sommes des machines dont tous les mouvemens sont assujettis ? Comment concilier cette contrariété bizarre avec la suprême sagesse ? Quand nous n'aurions pas le sentiment intime de notre liberté, sentiment qui est tel que Dieu nous tromperait continuellement, si cette liberté n'était pas en nous, l'observation et l'analogie nous porteraient encore à y croire. Nous appercevons une différence sensible entre les êtres inanimés, soumis aux loix éternelles du mouvement, et les êtres doués de sentiment et de raison, qui paraissent se mouvoir à volonté. Les premiers ont évidemment besoin d'un guide; les autres ont évidemment une faculté qui peut leur en tenir lieu. Pourquoi donc supposerait-on ceux-ci invinciblement mûs comme ceux-là ? Plus la philosophie se rapproche de l'observation des faits et s'attache à leurs conséquences les plus simples, plus elle est près de la vérité : il faut des efforts pour s'en éloigner et se perdre dans la nuit des systêmes. Mais qu'on en juge par leurs conséquences : il n'y en a point de plus humiliantes et de plus funestes : avec la liberté de l'homme, les sophistes détruisent toute moralité : la vertu est dépouillée de ses honneurs, le vice de son ignominie : rien dans le monde ne mérite plus ni punition ni récompense : tout est l'ouvrage d'une combinaison nécessaire et incompréhensible, et l'œuvre entière de la création se réduit à un assemblage d'automates.

Combien il faut se défier des illusions de l'esprit de système ! Helvétius avait des vertus, et son livre est la destruction de toute vertu.

« L'intérêt personnel est l'unique et » universel appréciateur du mérite des » actions des hommes, et la probité, » par rapport à un particulier, n'est que » l'habitude des actions personnellement » utiles à ce particulier. » Si ceci n'était qu'une de ces hyperboles morales, où l'on se permet d'appliquer à tous ce qui appartient à la corruption du grand nombre, il n'y aurait pas à y prendre garde ; cela signifierait seulement ce qu'on a dit mille fois, qu'ordinairement les hommes jugent selon leur intérêt. Mais c'est ici une suite d'axiômes et de corollaires pris dans une généralité absolue, et la marche constante de l'auteur est d'appuyer une métaphysique erronée sur des lieux communs de morale, transformés en vérités rigoureuses. Ainsi ne voulant admettre aucune idée d'ordre et de justice dans l'homme, qu'il réduit à la faculté de *sentir*, il soutient que tout se rapporte à l'*intérêt personnel* dans les particuliers comme dans les sociétés, et croit l'avoir prouvé, quand il nous apprend, par exemple, que la société d'un ministre juge de sa probité par le bien qu'il lui fait, sans s'embarrasser s'il fait du bien ou du mal à la nation. On ne sort pas d'étonnement, que des apperçus si frivoles soient donnés comme des preuves philosophiques. On sait bien que dans l'antichambre d'un ministre dissipateur, tous ceux qu'il enrichit aux dépens des peuples, chanteront ses louanges ; mais d'abord ces louanges sont-elles bien sincères? L'auteur a-t-il pu le croire? A-t-il pu se persuader que quiconque a reçu une grace d'un ministre, le regarde dès-lors comme un honnête homme? Est-ce la flatterie intéressée qu'il faut consulter, ou le jugement qu'on porte dans sa conscience? Je vais plus loin : est-il bien rare que ceux mêmes qui profitent des profusions ou des injustices d'un homme en place, soient les premiers à le condamner, non pas en public, mais dans l'intime confiance? Que chacun là-dessus se rappelle ce qu'il a vu ou entendu, et il jugera s'il est vrai que l'*intérêt personnel soit l'unique appréciateur du mérite et de la probité*. Il faut dire plus : cette assertion si fausse est un outrage à la nature humaine, qu'elle a droit de repousser, parce qu'elle ne le mérite pas, et qu'il est démenti à tout moment par l'expérience. Je vais en donner une preuve sans réplique. Je suppose qu'un homme a mérité la mort : il est assez riche pour corrompre son juge ; celui-ci altère ou supprime les témoignages, et sauve le coupable. Certes, il n'y a pas de plus grand intérêt que celui de la vie : eh! bien, nous allons voir si cet intérêt décide. J'aborde ce coupable sauvé : je suis son ami : je sais tout : je le félicite d'avoir échappé au supplice, et je lui dis : regardez-vous votre juge comme un homme de probité, et lui confieriez-vous un dépôt ? Que pensez-vous qu'il répondît ? Je suppose non pas un seul homme, mais cent, mais mille, cent mille dans le même cas ; et je suis prêt à parier ma vie qu'il n'y en a pas un dont la réponse ne condamnât le juge qui ne l'aurait pas condamné.

Et pourquoi des suppositions ? Des faits sans nombre, dans tous les temps, dans tous les lieux, à tout moment, attestent qu'il y a dans nous un sentiment au-dessus de l'*intérêt personnel;* et combien de fois n'arrive-t-il pas que ce sentiment, plus fort que tous les autres, nous fait estimer dans un homme ce qui nous est le plus contraire, et mépriser ce qui nous est le plus favorable? Mais ici les sophistes se replient : ils répondent que ce jugement n'est encore que de l'intérêt, mais un intérêt mieux entendu, et qu'alors nous sentons que tout considéré, l'ordre et la justice sont ce qu'il y a généralement de plus utile pour tous. Oui, pour cette fois vous dites une vérité; mais c'en est une que vous n'avez pas le droit de dire; et dans votre bouche, ce n'est qu'une confusion d'idées et de mots, une contradiction, un cercle vicieux. Si vous convenez que l'intérêt de tous est que tous soient justes, comment pouvez-vous dire que *la probité n'est aux yeux de chacun que l'habitude des actions qui lui sont personnellement utiles*? Il est clair que vous employez les mots d'*intérêt* et d'*utilité* dans un double sens : tantôt c'est l'*intérêt* d'un seul moment, d'un seul fait, d'un seul homme; tantôt c'est l'*intérêt* de tous. Accordez-vous, et répondez nettement. Si dans l'exemple que j'ai proposé, il est, comme on n'en peut douter, *personnellement* utile à ce criminel qu'on lui sauve la vie, cet intérêt, dans votre système, doit dicter son jugement, et il doit regarder son juge comme un homme plein de probité. Cependant il ne le fait pas, et dans ce premier sens, votre thèse est déja ruinée par le fait. Si pour expliquer le jugement qu'il porte, vous vous retournez et dites qu'il suit encore son intérêt, qui lui apprend qu'il est utile à *tous* que l'on soit juste, vous tombez dans la contradiction la plus étrange; car il se trouve par vos propres paroles, qu'il est à la fois de son *intérêt* d'être pendu et de n'être pas pendu: il faut pourtant que ce soit l'un ou l'autre: choisissez .... Mais vous choisiriez en vain; en vain vous vous débattez contre la vérité qui vous presse. Vous ne vous tirerez pas de ce défilé, tant que vous n'aurez que l'*intérêt* pour en sortir. Il y a ici en opposition deux puissances qu'il faut absolument reconnaître. Vous ne pouvez nier, sans être insensé, que l'*intérêt personnel* de cet homme ne soit d'échapper à la mort; et si malgré cet intérêt si pressant, il avoue que celui qui l'a sauvé est un homme méprisable, il faut de toute nécessité qu'il y ait en lui une autre règle de ses jugemens que son propre *intérêt*; et cette règle, c'est le sentiment de la justice. Ou il n'y a pas de logique au monde, ou c'est ici une démonstration.

Il est bien vrai que ce sentiment de la justice, s'il était toujours suivi, serait le seul qui fût conforme à l'*intérêt* bien entendu de tous les hommes; mais dans cette supposition même, de ce que la justice est utile, s'ensuit-il qu'elle ne soit plus la justice ? Voudriez-vous qu'il fût de son essence d'être nuisible? et pour la distinguer de l'*intérêt*, faut-il qu'elle lui soit toujours contraire? Vous voyez du moins que lors même que nos passions, nos erreurs, nos fautes nous mettent en contradiction avec elle, elles ne sauraient étouffer sa voix, ni anéantir son pouvoir.

Helvétius est d'un avis bien différent: voici ce qu'il appelle les vrais principes de la morale, et ce qu'il annonce comme des oracles infaillibles, comme des découvertes de la plus grande importance pour les nations: « Il faut leur apprendre » que *la douleur et le plaisir* sont les » seuls moteurs de l'univers moral, et » que le sentiment de l'*amour de soi* est » la seule base sur laquelle on puisse

» jetter les fondemens d'une morale » utile. »

Voltaire a dit :

Un peu de vérité fait l'erreur du vulgaire.

Mais cela est tout aussi vrai de beaucoup de *philosophes* ; car l'erreur ne vient le plus souvent que de la préoccupation d'une seule idée à laquelle on s'attache, et qui dérobe toutes les autres. Ainsi nous conviendrons tous, et nous sommes déja convenus que l'*amour de soi* est effectivement et doit être le moteur de tous les hommes ; car le contraire serait absurde et impossible. Mais il y a déja une erreur très-grave à substituer comme synonymes de l'*amour de soi*, la crainte de la *douleur* et le penchant au *plaisir*. Ce n'est pas qu'ici l'auteur ne soit conséquent ; car il soutient ailleurs que toutes nos passions, de quelque espèce qu'elles soient, n'ont et ne peuvent avoir que les sens pour objets. Rien n'est plus faux, et je démontrerai tout-à-l'heure contre lui que cette assertion est démentie par la connaissance du cœur humain. Mais pour procéder avec méthode, je laisse de côté pour le moment cette partie de la proposition, et je dis que l'*amour de soi* ne serait qu'une base très-insuffisante pour la morale, si cette même morale n'y joignait des principes de justice et d'ordre, nécessaires pour éclairer et diriger cet *amour de soi*, qui sans guide et sans lumière, loin de pouvoir servir de fondement à la société, en serait la subversion. Le moraliste et le législateur auraient beau se réunir, selon le vœu d'Helvétius, l'un pour apprendre aux hommes que l'*intérêt personnel, le plaisir et la douleur sont leurs moteurs uniques*, l'autre pour établir l'économie sociale, de manière que cet intérêt personnel se trouvât d'accord, le plus qu'il est possible, avec l'intérêt général. Je dis que l'ouvrage du dernier étant toujours nécessairement très-imparfait, la doctrine de l'autre, bien loin de venir au secours des loix, et de suppléer ce qui doit toujours leur manquer, pourrait les contredire fort souvent et en détruire tout le fruit. En effet, il est indubitable qu'il y a dans tout état de choses mille occasions où l'on peut faire le bien sans avoir à espérer aucune récompense, ou le mal, sans avoir à craindre aucune peine. Il n'y a point de législation assez parfaite pour prévenir ces deux cas : or, dès que vous aurez posé pour seul principe l'*amour de soi*, je demande si dans les deux cas supposés, tout homme qui sera conséquent ne sera pas très-bien fondé à ne point faire le bien dont il n'espère aucun profit, et à faire le mal où il trouve son avantage. S'il n'agissait pas ainsi, assurément il serait insensé. Vous allez vous récrier, vous qui m'écoutez : « Mais la conscience, la satis» faction intérieure et le tourment du » remords ? » Sans doute, je n'aurais rien à répondre, si les adversaires que je combats pouvaient faire entendre le cri que vous élevez ; mais ils ne le peuvent pas, ils n'y songent pas même ; ils seraient en opposition avec leurs principes. Ces mots de conscience, de remords, de notion du juste et de l'injuste, ne sont pas à leur usage ; ils n'oseraient s'en servir, du moins dans le sens que vous leur donnez et que tout le monde leur donne ; et dans ce sens, il n'en est jamais question dans le livre que je réfute. Oubliez-vous . . . . (Oui, vous l'oubliez peut-être, parce que vous répugnez à le concevoir) oubliez-vous que selon leur doctrine, il n'y a *qu'un seul principe*, *l'amour de soi*, *deux moteurs uniques*, *le plaisir et la douleur* ? On appelle, il est vrai, au secours de ce principe les peines et les récompenses, et même le mépris et l'estime ; mais comme il y a des occasions sans nombre, où rien de tout cela ne peut avoir lieu, où l'homme est seul avec lui-même, jugez alors s'il reste quelque ressource à ceux qui se renferment dans ces seuls moyens, et regardent tous les autres non-seulement comme inutiles, mais comme dangereux.

Non, ce n'est pas la vraie philosophie qui brisera jamais le frein de la conscience ; elle sait que trop souvent on peut se soustraire à celui des loix, même à celui de l'opinion ; qu'on peut ou leur être inconnu ou les tromper ; mais qu'on porte toujours avec soi celui de sa conscience, et que ceux mêmes que ce frein n'a pu retenir, le rongent en frémissant. Le sage législateur, le vrai philosophe se garderont bien de l'arracher aux hommes, et heureusement encore ceux qui l'ont tenté, ceux qui le tenteraient sont dans l'impuissance d'y parvenir entièrement : la révolution française en sera une preuve éternelle. La nature est plus forte que tous les sophistes, comme elle est plus forte que tous les tyrans. C'est

elle

elle qui crie à tous les humains : « Oui, je vous ai formés avec une tendance invincible à votre bien être ; c'est un instinct sans lequel vous ne pourriez subsister ; mais je vous ai donné la raison pour vous apprendre qu'ayant tous les mêmes droits primitifs, il vous importe sur-tout de vous accorder entre vous sur la manière de les exercer. J'ai donc mis en vous un sentiment de justice qui se développe avec vos facultés, et qui n'est qu'un rapport de convenance et de conformité, entre l'idée de ce qui vous est dû et l'idée de ce que vous devez à vos semblables. Vous sentez malgré vous que l'un est la règle de l'autre, et cette règle est ce qu'on appelle ordre et justice. Si vous les violez, même dans le secret, même avec impunité, vous serez mal avec vous-mêmes. Si vous échappez au mépris des autres, vous n'échapperez pas au vôtre. Si vos crimes ignorés ne vous attirent pas la haine d'autrui, vous vous haïrez vous-mêmes. Si vous vous endurcissez jusqu'à étouffer le remords, vous ne surmonterez pas la crainte continuelle qui suit le malfaiteur, qui lui fait redouter tous les hommes comme des ennemis ou comme des juges, et cette crainte sera de la rage, et cette rage serà votre supplice. L'éternel Auteur a fait plus : il a élevé jusqu'à lui votre pensée et votre conscience : en regardant le monde, vous ne pouvez douter que Dieu n'existe et ne vous regarde. Vous êtes sous ses yeux ; et quoique de la hauteur de ses perfections infinies, il aime, sans doute, à jeter des regards de pitié et d'indulgence sur des créatures si faibles et si imparfaites, vous sentez pourtant qu'il est de son éternelle équité, de mettre quelque différence entre ceux qui se seront souvenus de la dignité de leur nature et ceux qui l'auront souillée ; et si nul n'a le droit de prévenir ses jugemens, vous concevez que tout le monde doit les craindre. » Voilà les premiers fondemens de toute morale et de toute législation. *Le plaisir et la douleur* peuvent être les seuls moteurs des vils animaux : Dieu, la conscience, et des loix qui sont la conséquence de l'un et de l'autre, voilà ce qui doit régir les hommes.

Quoique dans les obscurités, naturelles ou affectées, du système d'Helvétius, il soit impossible d'attacher aucun sens déterminé aux mots de *vertu* et de *probité*, il s'en sert pourtant comme un

autre ; mais il en abuse tellement, qu'on s'apperçoit qu'il ne s'entend pas lui-même. Il definit la vertu, *indépendamment de la pratique, le desir du bien public*. D'abord il est assez difficile de concevoir la vertu, *indépendamment de la pratique*, et de plus, beaucoup d'hommes ne peuvent rien pour le bien public, et ne peuvent, quoi qu'ils fassent, avoir la vertu pratique ou la probité, qu'il définit l'*habitude des actions utiles au public*. Il s'ensuivrait que la vertu et la probité ne sont pas faites pour la plupart des hommes, et c'est ce qu'il dit en propres termes : « La pro-
» bité, par rapport à un particulier ou
» une petite société, n'est point la vraie
» probité : la probité considérée par
» rapport au public, est la seule qui
» réellement en mérite et en obtienne
» généralement le nom. » Je vous ai promis des paradoxes : en voilà. Quel homme se serait douté, qu'en remplissant tous ses devoirs envers sa famille, ses amis, et tous ceux qui sont en relation avec lui, il n'avait pourtant pas la *vraie probité*, si d'ailleurs la fortune ne le mettait à portée d'être *utile au public* ? Eh ! peut-on ne pas comprendre que nos

devoirs envers les particuliers et envers le public, dérivent précisément de la même source? Si vous voulez vous convaincre de tout le mal que peuvent faire par leurs conséquences ces sophismes qui ne semblent d'abord que des erreurs de spéculation, et qu'à ce titre on a voulu disculper ; rappelez-vous que la foule des *révolutionnaires*, si facilement endoctrinée par quelques phrases que leur débitaient *les maîtres*, non-seulement justifiait, mais consacrait tous les attentats individuels contre la nature, contre l'humanité, contre la justice, contre la propriété, par ce grand mot d'*intérêt général*, qui, dans son application, n'était là qu'un grand contre-sens, mais un contre-sens fort à la portée de la plupart de ceux qui en avaient besoin, ou qui même y croyaient de bonne foi. Songez de quoi sont capables des hommes grossiers ou pervers, à qui l'on a persuadé en principe, que tous les devoirs de père, de fils, de frère, de mère, de fille, de sœur, de femme, d'élèves, de domestiques, toutes les obligations sociales et commerciales, tous les liens de l'amitié, de la reconnaissance, de la bonne foi, ne sont point *la probité*, ne sont point *la vertu*, ne font point l'*honnête homme*; qu'il n'y a de *probité* et de *vertu* que dans le *civisme*, mot qui dans leur langue revient à ce *bien public*, dans lequel Helvétius renferme uniquement *la vertu et la probité*. Je ne devrais pas avoir besoin d'observer encore que sans doute *le philosophe* n'en tirait pas les mêmes conséquences que les *révolutionnaires*. Mais je suis obligé de l'articuler encore expressément, de le répéter jusqu'à satiété, puisque jusqu'ici je n'ai eu affaire qu'à des hommes, qui réduits à la honteuse impuissance de répondre jamais à ce qu'on a dit, ont toujours la honteuse impudence de supposer ce qu'on n'a pas dit. J'ajoute que si les conséquences n'étaient pas les mêmes, c'était toujours la même erreur dans le principe, le même sophisme, qui consistait tout simplement à oublier que la généralité se composait des individus, et qu'une doctrine qui autorisait dans chacun la violation de tous les devoirs particuliers, sous prétexte d'un devoir général, une doctrine qui comptait pour rien tous les maux particuliers, sous prétexte de bien général, était la contradiction la plus absurde et la plus monstrueuse; et ce sophisme a été bien formellement en théorie *philosophique*, avant d'être en pratique *révolutionnaire*. Tout s'y est rapporté dans la révolution; mais il en faut l'exposé tout entier, avec l'application exacte et continuelle de chaque genre de sophisme à chaque genre de crime, pour développer l'inévitable connexion de l'un et de l'autre, et l'énergie destructive que devaient avoir ces affreux systêmes, que notre siècle a osé nommer *philosophie*. On sent bien que ce n'est pas ici que je puis faire le rapprochement complet de cette *philosophie* et de notre histoire. Il me suffit de l'indiquer, dans l'occasion, à ceux qui sont capables de réfléchir. Je reviens.

Helvétius avait dit, en parlant de la manière dont on juge de la probité, que, par rapport à une société particulière, la probité n'était que l'habitude des actions particulièrement utiles à cette société; et nous avons vu qu'il prenait une complaisance fort équivoque pour un jugement raisonné. Il ajoute : « ce n'est » pas que certaines sociétés vertueuses » ne paraissent souvent se dépouiller de » leur propre intérêt, pour porter sur les » actions des hommes des jugemens con-

» formes à l'intérêt public; mais elles » ne font alors que satisfaire la passion » qu'un orgueil éclairé leur donne pour » la vertu, et par conséquent qu'obéir, » comme toute autre société, à la loi de » l'intérêt personnel. — Quel autre motif » pourrait déterminer un homme à des » actions généreuses ? Il lui est aussi » impossible d'aimer le bien pour le » bien, que d'aimer le mal pour le mal. »

C'est ici sur-tout que se manifeste ce frivole et misérable abus de mots, qui consiste à séparer du bien qu'on fait le plaisir inséparable que l'on goûte à le faire, à donner très-mal à propos à ce plaisir le nom d'*intérêt personnel*, pour conclure que l'*intérêt* est l'unique moteur de toutes nos actions : c'est là-dessus qu'est fondé le livre entier, dont je puis vous offrir le résumé en peu de mots. « Tout dans l'homme se réduit à sentir : » il ne peut sentir que le plaisir ou la » douleur. L'amour de soi ou l'intérêt » personnel le nécessite à fuir la douleur » et à rechercher le plaisir. Tous nos » jugemens ne sont donc que les sen- » sations comparées de la douleur et du » plaisir; et toutes nos passions, même » celles qui paraissent les plus morales,

» se rapportent en dernier résultat aux » plaisirs des sens. » Voilà tout le livre de l'Esprit. Il ne nous en reste à examiner que ce qui regarde les passions, et j'y viendrai, quand j'aurai mis dans le plus grand jour la manière puérilement sophistique, dont l'auteur joue sans cesse sur ces mots d'*amour de soi*, d'*amour propre*, d'*intérêt* personnel; et vous verrez qu'il ne faut qu'un souffle pour faire crouler les bases fragiles sur lesquelles tout ce malheureux édifice est bâti.

L'auteur vient de donner, comme vous l'avez vu, le nom d'*orgueil éclairé à la passion pour la vertu*. Mais sans doute cet *orgueil éclairé* ne peut être autre chose que la satisfaction intérieure que l'on goûte à être juste et vertueux; et dès-lors je réponds à l'auteur : Il vous plaît d'appeler cela *de l'orgueil*; mais cette dénomination est de votre part une injure gratuite, mal couverte par l'épithète. Où est la preuve de cet *orgueil*? Direz-vous qu'il n'y a pas de vertu modeste? C'est pourtant son caractère; et si rien au dehors ne dément cette modestie, de quel droit nommez-vous *orgueil* le plaisir secret qu'un homme trouve à faire du bien? Quant à moi, ce plaisir-là, je l'appelle *vertu* : à coup sûr il n'y en a pas d'autre. *Quel autre motif que l'intérêt personnel* (dites-vous) *pourrait déterminer un homme à des actions généreuses?* Pour toute réponse, je vais citer des faits : ils éclaircissent tout, et prouveront qu'il y a aussi une morale et une métaphysique expérimentales.

Je reçois en fidéicommis cent mille écus, qu'un de mes amis ne saurait laisser autrement à un de ses parens qu'il aime. Le secret, comme il arrive d'ordinaire dans ces occasions, est entre lui et moi. Cent mille écus sont bons à garder. Je les garde. Comment appelez-vous cela? J'espère que vous nous permettrez de l'appeler tout au moins *de l'intérêt personnel* : vous ne pouvez pas dire non : passons. Je prends l'inverse : cent mille écus me mettraient fort à mon aise, il est vrai, et pourraient me procurer bien des *plaisirs*. Mais je préfère celui de faire mon devoir et une bonne action. Comment appelez-vous cela? — Encore de *l'intérêt personnel* : car vous convenez vous-même que vous avez eu du *plaisir* à faire cette bonne action. — Soit : je ne veux pas encore vous arrêter sur les termes. Je pourrais trouver un peu de ridicule à qualifier de la même manière deux mouvemens si opposés, dont l'un est d'un vil coquin, et l'autre d'un honnête homme. Assurément dans la langue vulgaire jamais on ne les confondra ; mais je me prête pour un moment à votre langue *philosophique*, et je veux bien trouver mon *intérêt*, mon *plaisir* à donner cent mille écus que je peux garder. Je vous prends au mot, et je dis encore : eh ! bien, cet *intérêt*, ce *plaisir* que je goûte à satisfaire ma conscience, savez-vous ce que c'est ? c'est la vertu. L'*intérêt*, le *plaisir* que j'aurais trouvé à retenir ce qui ne m'appartenait pas, savez-vous ce que c'est ? c'est le vice. Or, très-certainement, ces deux *intérêts* si différens ne peuvent pas être la même chose. Vous avez donc abusé des termes, et dans le fait, vous trompez le lecteur inattentif, en confondant *l'amour de soi* qui est commun à tous les hommes, et que le méchant et l'homme honnête suivent d'une manière toute opposée, avec l'*intérêt personnel*, par lequel tout le monde entend cet égoïsme qui fait que nous cherchons notre avantage aux dépens des autres. Il est clair que dans le premier cas, c'est cet égoïsme que je consultais, puisque je faisais le mal d'autrui pour faire mon bien; dans le second, je me satisfais aussi moi-même, il est très-vrai; mais bien loin de léser autrui, je fais son bien, et le fais avec plaisir; et ce plaisir là, c'est la vertu, comme l'autre était le vice. Or, quoi de plus absurde que de prétendre que deux actions si contradictoires ont le même principe moral, ne sont qu'une seule et même chose, et doivent s'appeler du même nom? — *Il est impossible*, dit-on, *d'aimer le bien pour le bien.* Je réponds : J'aime le bien pour le bien et pour moi, parce qu'il m'est aussi impossible de me séparer de moi-même que de séparer du bien que je fais le plaisir de le faire. Si je n'y en prenais aucun, je ne serais pas bon; car je vous défie de définir la bonté autrement que le plaisir qu'on goûte à faire du bien. Vous voulez donc séparer dans les termes ce qui est identique dans les idées; et si vous voulez savoir jusqu'où ce défaut de logique peut vous mener, concevez que dans votre style, pour que la vertu fût autre chose que l'*intérêt personnel*, il faudrait que celui qui fait une bonne action, ou n'eût aucun plaisir à la faire, ou même fût mécontent de l'avoir faite : or, dans la nature des choses, l'un et l'autre est impossible et contradictoire. C'est pourtant la conséquence immédiate et rigoureuse de votre proposition : elle vous réduit à l'absurde, et dès-lors elle est jugée sans retour.

J'ai cru devoir une bonne fois presser en rigueur ce détestable sophisme, non-seulement parce qu'il est le fondement de toute l'immoralité raisonnée du livre de l'*Esprit*, mais encore, parce qu'il a depuis été répété mille fois ; et le bon sens est révolté qu'avec une si futile équivoque de mots, on s'imagine avoir fait un nouveau système de philosophie, lorsqu'on n'a fait autre chose qu'un long rêve, dont il eût fallu se garder de faire un livre.

Je viens maintenant à ce dernier paradoxe, qui devait être la conséquence de tous les autres, que toutes nos affections morales se rapportent en dernière analyse aux besoins et aux plaisirs des sens. L'auteur suppose d'abord que l'orgueil, l'envie, l'avarice, l'ambition sont *des passions factices, qui ne nous sont pas données immédiatement par la nature*, quoiqu'il avoue que nous en avons en nous *le germe caché.* Il nous rappelle à ce qu'on nomme très-improprement l'*état de nature*, dans lequel, dit-il, l'homme ne connaît que les *impressions du plaisir et de la douleur;* d'où il conclud que tout le reste doit son existence à celle des sociétés, et doit revenir à cette première source de tout, la *sensibilité physique.* Je ne puis que répéter le même jugement : autant de mots, autant d'erreurs, et d'erreurs tellement démontrables et démontrées, que si l'on vient à bout d'en justifier une, je consens à me rendre sur toutes; mais il n'y a pas de danger. 1.° Toutes nos passions nous sont *données immédiatement par la nature,* ou pour parler avec l'exactitude philosophique, sont *de notre nature*, quoiqu'elles soient susceptibles d'un excès que la corruption des grandes sociétés peut seule occasionner. Leur développement doit suivre en bien et en mal le progrès de la sociabilité; et pour que l'homme ne connût ni l'orgueil, ni l'envie, ni l'ambition, ni l'avarice, il faudrait qu'il fût seul : or, nul homme ne vit seul : ce n'est point là sa destination; et puisqu'il a reçu les deux grands instrumens de la sociabilité, l'intelligence et la parole, la société est dans l'ordre naturel. Vous avez donc très-grand tort d'appeller *factice* ce qui tient à un ordre naturel et nécessaire ; et l'aveu que vous faites, que nous en avons en nous le *germe caché*, est une véritable contradiction ; car ce qui a un *germe*, ne peut être *factice*. 2.° Ce germe n'est point la *sensibilité physique* : c'est l'amour propre, par lequel chacun de nous tend à se préférer aux autres ; et l'orgueil, l'envie, l'ambition, l'avarice, ne sont que des modes vicieux de cet amour-propre, qui ne peut être tempéré que par la raison ou le sentiment réfléchi de ce que nous devons aux autres, afin qu'ils nous rendent ce qui nous est dû. Nos passions morales ne sont donc autre chose que l'amour propre exalté sous différens noms, et je ne crois point du tout que les plaisirs des sens en soient le seul objet. Comment les retrouver, par exemple, dans l'orgueil, et dans l'envie et l'ambition, qui ne sont encore que deux espèces d'orgueil, l'une qui souffre d'être humiliée, l'autre qui veut humilier autrui ? Ecoutons Helvétius : « L'orgueil n'est » dans nous que le sentiment vrai ou faux » de notre excellence, sentiment qui » dépendant de la comparaison avan- » tageuse que l'on fait de soi aux autres, » suppose par conséquent l'existence des » hommes, et même l'établissement des » sociétés. Le sentiment de l'orgueil n'est » donc point inné comme celui du plaisir » et de la douleur. » Cette expression, *l'orgueil suppose l'existence des hommes*, est vraiment singulière ; elle tient à une supposition qui ne l'est pas moins et que j'ai déja indiquée, que l'homme doive être considéré comme seul, pour être considéré dans un état naturel; étrange méprise d'un raisonneur, qui oublie que l'homme étant un animal reproductible et raisonnable, ne saurait être considéré, indépendamment de sa réproduction et de sa sociabilité, sans l'être indépendamment de sa nature ; ce qui est contraire à tout principe de philosophie, puisqu'elle considère surtout les êtres dans leurs propriétés essentielles. Vous voyez que j'avais eu raison de relever d'abord cette première erreur ; car c'est delà que l'auteur est parti pour conclure, que *le sentiment de l'orgueil n'est point inné en nous, comme celui du plaisir et de la douleur.* La conséquence est aussi fausse que la majeure. Ce sentiment de l'orgueil se manifeste dès l'enfance, avec les premières lueurs de la raison; et si, de ce que les impressions physiques se montrent auparavant, l'on conclud qu'il ne nous est pas aussi naturel, c'est comme si l'on disait que la faculté d'articuler et de raisonner ne nous est pas aussi naturelle que le sentiment de la douleur, parce que les enfans crient long-tems avant de savoir parler. Qui ne sait que tout se développe en nous successivement avec nos organes, mais que rien ne peut se développer sans un principe?

« L'orgueil n'est donc qu'une passion » factice qui suppose la connaissance » du beau et de l'excellent. » J'ai déja prouvé qu'aucune passion en elle-même n'était *factice*, et l'orgueil encore moins que tout le reste : rien n'est plus naturel à l'homme. Il n'est point vrai que ce *sentiment suppose la connaissance du beau et de l'excellent.* Il suppose seulement l'idée d'une supériorité quelconque,

conque, réelle ou frivole : le sauvage s'enorgueillit de la bigarrure des couleurs imprimées sur sa peau, de ses parures de verre, comme parmi nous un brave militaire s'honore d'un signe quelconque, qui atteste ses services.

« L'orgueil ne peut jamais être qu'un desir secret et déguisé de l'estime publique. » Cela est encore très-inexact. Il n'est pas besoin ici de *public*. Celui qui ne vivrait qu'avec deux, trois, quatre hommes, voudrait en être estimé, et serait blessé de ne pas l'être. *Le desir de l'estime publique* est en lui-même un sentiment très-louable, et qui n'a nul besoin d'être *déguisé*; l'orgueil n'est pas ce *desir*; mais ce *desir* peut être une suite de l'orgueil, en ce sens seulement, qu'on voudrait voir confirmer par autrui la bonne opinion qu'on a de soi. Ce sentiment, s'il se borne là, ne mérite point d'être qualifié de desir *de l'estime publique*. On ne donne ce nom qu'à ce beau sentiment d'une ame élevée, qui ne veut d'autre récompense de ses travaux, que le témoignage des autres hommes, joint à celui de sa conscience. Quand on appelle ce desir *de l'orgueil*, on a soin d'ajouter que c'est un noble et sublime *orgueil* : c'est celui qui fait les grands hommes.

Il faut voir à présent dans quelles subtilités s'égare l'auteur, pour en venir à prouver que l'orgueil n'a pour objet que les plaisirs physiques. « On ne desire » l'estime des hommes que pour jouir » des plaisirs attachés à cette estime : » l'amour de l'estime n'est donc que » l'amour déguisé du plaisir. Or, il n'est » que deux sortes de plaisirs ; les uns » sont les plaisirs des sens, et les autres » sont les moyens d'acquérir ces mêmes » plaisirs, moyens qu'on a rangés dans » la classe des plaisirs, parce que l'es- » poir d'un plaisir est un commencement » de plaisir ; plaisir, cependant, qui » n'existe que lorsque cet espoir peut se » réaliser : la sensibilité physique est » donc le germe productif de l'orgueil. »

Je suis sûr de ne rien exagérer en substituant à cette conclusion celle de Sganarelle : *c'est ce qui fait que votre fille est muette*. Assurément Sganarelle raisonnant de médecine *malgré lui*, n'est pas plus ridicule qu'Helvétius raisonant ainsi de philosophie, en dépit du bon sens. Mais pour prouver notre droit de rire, il faut prouver la déraison de l'auteur. Voyons.

Remarquez d'abord avec moi combien il est important de surveiller les définitions : pour peu qu'on en laisse passer une qui soit seulement inexacte, un sophiste vous mène ainsi d'inductions en inductions jusqu'aux résultats les plus éloignés de la vérité. Mais j'ai eu soin d'observer qu'il n'était pas vrai que l'orgueil fût *le desir de l'estime*, quoique ce desir en fût une suite ordinaire. Souvent l'orgueil ne tend qu'aux respects, aux honneurs, à la considération extérieure ; et parmi ceux que leur condition met à portée de ces avantages, il est d'autant plus commun de s'embarrasser fort peu de l'estime, que l'on est plus sûr d'obtenir les déférences qui en tiennent lieu, et dont l'amour-propre se contente. La conduite des gens de cet ordre, comparée avec l'opinion publique qu'ils ne peuvent pas ignorer, n'a que trop souvent fait voir combien ils mettaient de prix à leur orgueil, et combien peu à l'estime publique. C'est qu'en effet l'orgueil n'est que la haute idée de ce que l'on est, au lieu que le desir de l'estime est l'idée de ce que l'on doit être. Donc Helvétius a tort, 1.° de confondre deux choses très-différentes ; 2.° de conclure que l'orgueil n'est que le desir des plaisirs attachés à l'estime publique; 3.° (et ce tort est le plus grand de tous) d'affirmer que ces plaisirs ne peuvent être que ceux des sens, *ou les moyens d'obtenir ces plaisirs, lesquels moyens sont un commencement de plaisir* : c'est s'envelopper dans un verbiage obscur et vague, pour échapper à la conviction, qui se montre d'elle-même, dès que les expressions sont claires.

Il faut s'énoncer nettement, et nous dire que tout ce que les grands hommes en tout genre ont entrepris par amour de la gloire, de l'estime et des louanges, n'avait pour objet, ou prochain, ou éloigné, que les jouissances des sens. Or cet énoncé est si révoltant, si hautement démenti par l'expérience, que l'auteur a craint de le risquer tout crûment, et a mieux aimé se retrancher dans les généralités. Sans doute, il est arrivé mille fois que l'amour des plaisirs s'est joint à celui de la gloire; mais il est si faux que ces deux sentimens soient la même chose, que le plus souvent l'un des deux n'est que le sacrifice de l'autre. Comment soutenir de bonne foi que les vertus romaines et spartiates, les plus orgueilleuses de toutes les vertus, mais en même temps les plus austères, au fond ne se rapportassent qu'aux plaisirs des sens? Je crois que les Curius, les Régulus et les Caton auraient été bien étonnés, si on leur eût dit que tout ce qu'ils faisaient pour la liberté, pour la patrie et la louange, tendait indirectement et de loin à l'amour des femmes et de la table, à la mollesse et au luxe; car à coup sûr ce sont là les plaisirs sensuels : il n'y en a pas d'autres. C'est aussi pour cela, sans doute, que Newton méditait ses calculs immenses, que tant de savans ont blanchi dans la poussière des bibliothèques, que tant d'artistes ont vieilli, à la lueur des lampes qui éclairaient leurs veilles laborieuses ! Quel système aussi abject qu'extravagant, que celui qui méconnaît ce sentiment si puissant sur l'homme, le sentiment de son excellence, aussi fort en lui que l'amour de sa conservation, et souvent même plus fort, puisqu'à tout moment on se précipite dans les plus grands périls, uniquement pour être loué, ou pour n'être pas méprisé ! Je sais que dans les soldats de tous les pays, braver la mort n'est, si l'on veut, qu'un métier pour soutenir sa vie; mais le peut-on dire de ceux qui s'arrachent à toutes les voluptés, pour s'exposer à toutes les fatigues et à tous les périls ! Je sais encore que la gloire est un titre auprès d'un sexe qui croit la partager quand il la récompense; mais si l'on n'envisageait que la jouissance de ses charmes, pourquoi serait-elle si souvent sacrifiée au desir de mériter son suffrage, à la crainte de rougir devant lui ? Il y a donc, même dans le plus attrayant et le plus irrésistible de tous les penchans physiques, encore un autre empire que celui des sens.

Croirons-nous avec Helvétius que l'ambition ne soit que le desir d'avoir plus de droits aux faveurs de la beauté ? Mais sans parler de tous les sacrifices que font en ce genre les ambitieux, qui lui préfèrent la laideur en crédit, que dirons-nous d'un prince tel que le grand Condé, d'un roi tel que Louis XIV ? Certes, en fait de plaisirs de toute espèce, ils ne pouvaient avoir d'autre embarras que celui du choix et de la satiété; ils n'avaient, pour jouir de toute manière, aucun besoin de la gloire. Pourquoi donc l'un voulait-il toujours vaincre, et l'autre toujours dominer ? Je n'ignore pas non plus que dans la plûpart des écrivains et des artistes, l'intérêt de la fortune, ou du moins d'une sorte d'aisance, peut se joindre à celui de la gloire, parce que l'une peut être un moyen pour obtenir l'autre. Mais d'abord qui peut nier que ce ne soit, dans les hommes d'un vrai talent, l'impérieux attrait de ce talent même, qui détermine uniquement leur premier choix, puisqu'ils ne sauraient oublier qu'en appliquant à toute autre profession ce qu'ils ont d'esprit et de facultés, ils doivent naturellement espérer beaucoup plus d'avantages et d'émolumens, avec infiniment moins d'inconvéniens et d'obstacles? Et puis demandez-leur, demandez à leur conscience ce qu'ils préfèrent des richesses ou de la gloire : demandez à Corneille s'il aurait donné le Cid pour tous les trésors de Mazarin, pour toute la puissance de Richelieu : demandez à celui qui a fait un bel ouvrage, pour quelle somme, pour quelle place il le donnerait. Qu'il me soit permis, pour l'honneur des lettres, de citer un trait qui ne concerne pas même l'amour de cette gloire pour laquelle peu d'hommes sont faits, mais seulement l'amour de cette liberté qui appartient à tous les hommes. Il y a environ 60 ans qu'on proposa des jetons d'or et des pensions à l'Académie Française, à condition qu'elle renoncerait à l'égalité purement académique, purement de confraternité littéraire, qui était le principe de son institution; qu'elle renoncerait aux privilèges honorifiques, à l'indépendance dont elle seule jouissait, et qu'en un mot, elle serait, comme les autres Académies, sous l'autorité dn ministère. Heureusement les plus pauvres faisaient le plus grand nombre: les jetons d'or les auraient enrichis: tous préférèrent leur honorable liberté. Il serait curieux de chercher dans ce choix quelque chose d'applicable aux sens. Comment les sens serviraient-ils à expliquer, dans quelques gens de lettres dignes de ce nom, cette fierté qu'on appellera, si l'on veut, de l'orgueil, pour se servir des mêmes termes que l'auteur que je combats, cette fierté qui leur fait supporter la pauvreté, même l'indigence, plutôt que d'accepter des places lucratives, mais qui les mettraient dans la dépendance d'hommes qu'ils méprisent?

Comment l'ambition serait-elle aussi cet amour des plaisirs, puisqu'elle est souvent la passion des hommes qui ne peuvent plus en avoir d'autre, puisque souvent elle respire et vit toute entière, plus dominante même que jamais, quand tous les sens sont morts pour la volupté? Enfin, s'il n'y avait pas dans nous un sentiment invincible, qui nous élève à nos propres yeux, et qui ne peut souffrir qu'on le blesse, d'où vient que les hommes ne peuvent supporter le mépris; je ne dis pas seulement les injures capables de compromettre l'honneur, qui est l'existence sociale, par-tout où il y en a une, mais même tout ce qui peut offenser l'amour propre? Pourquoi les flots de la colère sont-ils si prompts à s'élever dans le cœur, au moindre signe de dédain? Pourquoi les atteintes à l'amour propre sont-elles les plus impardonnables? Au temps de François Ier et de Louis XII, quand les Allemands et les Français se partageaient l'Italie, les Allemands alors moins civilisés que nous, traitaient les naturels du pays avec une dureté brutale; les Français qui alors n'étaient pas féroces, mais qui ont toujours été étourdis et vains, les traitaient avec beaucoup plus de douceur, mais aussi avec cette légèreté qui ne dissimule pas le mépris. Par-tout les Italiens préféraient la domination des Allemands à celle des Français. On leur en demandait la raison : *Les Allemands nous maltraitent*, répondaient-ils, *mais ils ne nous méprisent pas*. Ce mot est l'histoire de l'homme. Ce serait en vain que pour attribuer à l'habitude et à l'éducation cette horreur du mépris, on objecterait l'avilissement des nations courbées sous le despotisme asiatique, et le langage de ces insulaires de la mer des Indes, chez qui le sujet qui adresse la parole au monarque, s'appelle lui-même le *membre d'un chien*, le *fils d'un chien*. Il ne faut point considérer l'homme relativement à ceux que la superstition ou la coutume lui font regarder comme étant d'une nature supérieure à la sienne : il faut voir l'homme avec ses égaux : par-tout il en a, et je dis que par-tout, même dans la classe dégradée des nègres de l'Amérique et des Parias de l'Inde, nul ne peut supporter le mépris de son égal, même en secret et sans témoins ; que nul ne le pardonne ; que c'est de toutes les offenses la plus sensible, et que nous pardonnerons plutôt à celui qui nous a ravi nos biens, qu'à celui qui nous a outragés. C'est là sur-tout ce qui fait étinceler le regard de la colère, et précipite le bras de la vengeance. La vengeance ! la haine ! serait-il possible encore d'attribuer quelque rapport avec les affections sensuelles, à ces passions si tristes, si pénibles, si cruelles ? Combien leur histoire offre de privations souffertes, de tourmens supportés, pour parvenir à ce malheureux triomphe de l'amour propre, qui s'élève sur un ennemi écrasé ou seulement humilié ! Ah ! ces passions terribles n'ont rien de commun avec les plaisirs : ceux-ci, je le sais, traînent souvent après eux l'indifférence et le dégoût ; mais la vengeance satisfaite laisse après elle le repentir et l'horreur, en raison de l'excès où elle s'est portée. Pourquoi ? c'est qu'elle n'est en effet qu'un usage perverti, une erreur passagère d'un sentiment légitime et nécessaire, de l'estime de nous-mêmes, sans laquelle nous ne ferions rien de louable, rien de beau, rien de grand. Et d'où naît au contraire cette satisfaction indicible, cette exaltation intérieure, quand nous ne nous sommes vengés qu'en usant du pouvoir de pardonner ? C'est qu'alors nous avons dans toute sa plénitude le sentiment le plus doux de notre être, la certitude de notre supériorité.

Quelle autre raison fait de l'envie la passion la plus douloureuse, la plus dévorante et en même temps la plus honteuse et la plus morne, celle qu'on ne peut jamais cacher et qu'on n'avoue jamais ? L'envie entre-t-elle aussi dans les plaisirs des sens ? Et ces deux mots, l'*envie* et le *plaisir* peuvent-ils aller ensemble ? Toutes les autres passions ont le leur : la vengeance la plus atroce en a du moins dans le moment où elle s'assouvit. Mais l'envie ! jamais : à l'instant où elle triomphe, elle souffre encore, parce qu'elle rougit d'elle-même. Dira-t-on que l'on n'envie que les jouissances corporelles ? Non ; sûrement celui qui est envieux, l'est de tout, et tout ce qu'il n'a pas le tourmente ; mais l'envie est sur-tout attachée à la concurrence, à tout ce qui intéresse l'amour-propre, à l'élévation, au pouvoir, au talent, à la célébrité. Le pauvre desire et envie l'aisance ; mais si la grande disproportion des fortunes ne produisait pas trop souvent, d'un côté l'insolence, et de l'autre l'humiliation, rarement ceux qui ont le nécessaire honnête envieraient le superflu.

Il ne reste plus à considérer que l'avarice, et cette passion se refuse encore plus que toutes les autres à l'opinion d'Helvétius. Il n'y a pas moyen de rapporter aux plaisirs des sens une passion qui s'impose essentiellement l'indispensable loi de toutes les privations. Helvétius pense qu'on ne peut expliquer le délire de l'avare, qu'en supposant qu'il regarde au moins l'argent comme la représentation de tous les plaisirs qu'il n'a pas, mais qu'il peut acheter. Cette idée, il est vrai, n'est point paradoxale ; elle est même très-commune, et jusqu'ici l'on n'a point donné d'autre explication de ce penchant, le plus singulier de tous, en ce qu'il n'a point, comme les autres, d'objet de jouissance réelle. L'argent, a-t-on dit, ne saurait par lui-même en donner aucune ; il faut donc que l'avare y supplée au moins par l'idée des jouissances possibles. Cette opinion paraît plausible ; cependant je ne la crois pas fondée. J'en appelle à l'observation réfléchie : qu'on examine de près un avare, et l'on verra que bien loin de jouir en idée de toutes les commodités, de tous les plaisirs qu'il peut se procurer, il n'en peut même souffrir la pensée. Rien ne le révolte plus que la préférence que l'on donne sur l'argent à toutes les choses dont il est le prix et l'échange. Il hait toute dépense, non-seulement pour son compte, mais pour celui des autres; tout lui paraît profusion et dissipation, et quand tout le monde le croit fou, on peut être sûr qu'il nous le rend bien, et qu'il nous regarde tous comme des insensés. Ce n'est point ici une exagération comique ou satyrique : c'est une expérience que chacun est à portée de faire. Parlez à un avare de tel objet de dépense que vous voudrez, au-delà de ce nécessaire étroit et honteux, sans lequel on mourrait de faim et de froid, et vous verrez s'il ne calcule pas sur-le-champ à livres, sols et deniers, ce que cette somme épargnée peut valoir au bout de l'année, et s'il ne regarde pas en pitié ceux qui ne font pas le même calcul. Suivez-le de près, et vous verrez qu'il souffre véritablement, quand il voit dépenser de l'argent, et qu'excepté celui qu'on voudrait bien lui donner, il desirerait d'ailleurs que personne n'en dépensât plus que lui. Mais qu'est-ce donc que l'avarice? Et quel plaisir peut-on prendre à l'argent dont on ne fait rien, et dont on ne veut jamais rien faire? C'est, si je ne me trompe, un égarement de l'imagination, né de la défiance, et fortifié par l'habitude. La cupidité est naturelle à l'homme; mais l'avarice me semble être ce que l'invention des métaux et la société ont mis de *factice* dans la cupidité. Nos connaissances historiques, infiniment moins anciennes que le temps où les richesses réelles ont été représentées par des valeurs idéales, ne nous permettent pas de nous appuyer ici sur des faits; mais il est très-vraisemblable que toutes les productions de la terre étant plus ou moins aisément corruptibles, la fantaisie d'accumuler n'a pu naître qu'à l'époque où des métaux à-peu-près incorruptibles sont devenus le signe et l'équivalent de toutes les possessions. Je crois bien qu'en tous les temps l'homme cupide a voulu avoir plus de terres, plus de troupeaux, plus d'esclaves que les autres; mais il fallait absolument consommer ce que produisaient le sol et le travail, ou se résoudre à le voir périr; et dès-lors il n'y avait plus lieu à l'avarice qui accumule sans jouir. Il y a une autre différence entre les richesses naturelles et les richesses factices : les premières ne peuvent pas se perdre aussi facilement à beaucoup près que les secondes. Ainsi, d'un côté, la facilité d'entasser beaucoup d'or, et de l'autre, la crainte de se le voir enlever, ont pu produire l'avarice. On aura commencé par s'attacher à son trésor comme au garant de sa subsistance, et puis on se sera de plus en plus accoutumé au plaisir de le voir grossir et s'augmenter, aux dépens même de cette subsistance, du moins en tout ce qui n'y était pas strictement nécessaire. C'est un travers d'esprit, comme tant d'autres dont l'homme est susceptible. Il lui faut une passion dominante, et l'avarice est ordinairement la seule des avares. Ils se sont fait peu-à-peu un besoin d'ajouter sans cesse à leur trésor; ce soin occupe toutes leurs pensées, toute leur intelligence, tout leur amour-propre, et en ce genre le recueil des faits passerait toute imagination. Je suis étonné qu'on n'en ait pas fait un qui rassemblât tout ce qu'on en sait; il serait curieux, et ce serait une des parties les plus singulières de l'histoire des extravagances humaines.

Il se peut encore que la faculté d'acquérir beaucoup de choses, se présente quelquefois à l'avare; mais c'est uniquement comme une idée abstraite; car la la pensée de réaliser cette faculté le ferait frémir. En un mot, à voir la manière dont vivent les avares, je ne conçois pas que les plaisirs sensuels puissent entrer pour quelque chose dans cette passion, à moins que la vue de l'or ne soit une sorte de plaisir physique pour leurs yeux, comme la vue d'une rose ou d'une belle femme en est un pour les nôtres; et cela n'est pas impossible d'après les relations étroites qui existent entre les sens et l'imagination. Mais dans tous les cas, je ne puis voir dans cette étrange passion, qu'une des bizarreries de l'esprit humain; et il en a de toutes les espèces.

En continuant d'examiner celles d'Helvétius, je le vois toujours calomnier les hommes, à qui pourtant il aimait à faire du bien. Il semblait que la bonté de son cœur voulût les dédommager des injustices que leur faisait son esprit. Etait-ce donc d'après lui-même qu'il pouvait parler, lorsqu'il a dit : « L'homme » humain est celui pour qui la vue du » malheur d'autrui est une vue insup- » portable; et qui, pour s'arracher à ce » spectacle, est pour ainsi dire forcé de

» secourir le malheureux. L'homme in-
» humain au contraire, est celui pour
» qui le spectacle de la misère d'autrui
» est un spectacle agréable : c'est pour
» prolonger ses plaisirs qu'il refuse tout
» secours aux malheureux. Or, ces deux
» hommes si différens, tendent cepen-
» dant tous deux à leur plaisir, et sont
» mûs par le même ressort. »

J'ai déja fait évanouir cette prétendue identité de ressort ; mais d'ailleurs ce qu'il dit ici de l'homme humain et de l'inhumain, me semble également faux. S'il était vrai qu'on ne secourût les malheureux que pour s'épargner le spectacle de leur misère, on ne ferait du bien qu'à ceux que l'on voit ; et il est de fait que l'on procure tous les jours des soulagemens à ceux qu'on ne voit pas et qu'on ne verra peut-être jamais. Il y a donc dans la bienfaisance un autre motif que la répugnance que l'on éprouve à l'aspect de la misère. Je crois encore moins que l'inhumanité trop commune, qui refuse tout secours aux malheureux, aille jusqu'à se faire un plaisir du spectacle de leurs souffrances : si ce dernier excès d'inhumanité existe, je suis convaincu qu'il est au moins très-rare (1), et jamais il ne faut argumenter d'une exception. Il est d'autant plus extraordinaire que l'auteur ait adopté cette idée révoltante, qu'il n'en avait nul besoin, même dans son système, pour expliquer la sorte d'inhumanité qui rend insensible au malheur d'autrui. Il pouvait l'attribuer

(1) N'oubliez pas que j'écrivais ceci avant la révolution, et quoique la révolution l'ait complètement démenti, ce n'en est pas moins une vérité générale dans la théorie du cœur humain. Je sais bien que ce plaisir monstrueux, non-seulement de voir souffrir, mais de faire souffrir, a été pendant des années un plaisir de tous les instans pour les *oppresseurs révolutionnaires* de toute espèce, depuis les tyrans en écharpe jusqu'au dernier porte-clef. Mais je m'appuie encore ici sur le même principe, qu'il ne faut jamais argumenter d'une exception, et la révolution française en est bien une sous tous les rapports. S'il y a des gens qui en doutent, faute de réflexion, l'histoire raisonnée le démontrera. Que ceux qui sont capables de réfléchir, arrêtent seulement leur pensée sur cette proposition fondamentale, dont tous les faits bien examinés seront la conséquence. « Il doit y avoir exception à tout ce que l'on connaissait » de l'homme, quand, pour la première fois, tout ce » qu'il pouvait y avoir dans l'homme social de méchanceté et de perversité, en germe caché, sans développement possible, a été développé en doctrine légale » et en puissance universelle et illimitée, dans l'étendue d'un grand empire. » Voilà la première majeure de l'analyse morale de la révolution; et en y joignant l'analyse religieuse, il sera facile de faire voir pourquoi cette exception a eu et devait avoir lieu, dans l'ordre de la Providence.

très-raisonnablement à cette sorte d'indifférence qui naît de la préoccupation de nos intérêts et de nos plaisirs, ou à la crainte de diminuer quelque chose de nos jouissances, en prenant sur nos biens pour aider le pauvre.

Il se fait ici une objection, qui amène de sa part une conséquence aussi fausse que son principe. « Mais, dira-t-on, si » l'on fait tout pour soi, l'on ne doit » donc point de reconnaissance à ses » bienfaiteurs? Du moins, répondrai-je, » le bienfaiteur n'est-il pas en droit d'en » exiger? autrement ce serait un contrat, » et non un don qu'il aurait fait . . . . . » C'est en faveur des malheureux, et » pour multiplier le nombre des bien- » faiteurs, que le public impose avec » raison aux obligés le devoir de la recon- » naissance. » Il est vrai que le bienfaiteur ne doit exiger aucun retour : il est suffisamment payé par le plaisir de faire du bien, qui est le premier de tous; mais si l'obligé doit de la reconnaissance, ce n'est point *le public qui lui en fait un devoir*, c'est la justice universelle qu'Helvétius veut toujours écarter, parce qu'il l'a bannie de son système; et c'est cette justice qui ordonne à chacun de rendre, autant qu'il le peut, le bien pour le bien, comme il voudrait qu'on le lui rendît. Ce devoir existe, quand même personne au monde ne saurait qu'on vous a obligé. Le *public* peut imposer des devoirs de convenance, mais les devoirs de conscience ne dépendent point de lui; et j'ai prouvé ailleurs, ce qui en soi-même n'avait pas besoin de preuve, qu'il y a une conscience, c'est-à-dire une connaissance intime du juste et de l'injuste. C'est une étrange idée, de faire d'un sentiment aussi naturel que celui de la reconnaissance une affaire de calcul et de convention. Le vice le plus odieux, celui de l'ingratitude, serait, dans le système d'Helvétius, un manque de convenance! Cela est digne du reste.

Que par une suite des mêmes principes, il ait soutenu que l'on pesait tous les talens au poids de l'intérêt, cela est d'une bien moindre conséquence et moins éloigné de la vérité; cependant il y a encore de l'erreur dans la généralité de cette proposition. Il est naturel et juste que les hommes estiment les talens de l'esprit en raison de leur utilité; mais qu'ils n'aient jamais d'autre mesure de leur estime, c'est ce que l'observation des faits ne permet pas d'avouer. Si ce calcul de proportion était exactement suivi, quels éloges n'aurait-on pas donnés aux auteurs de tant d'inventions d'une utilité générale, à ceux qui ont imaginé, par exemple, les caractères de l'alphabet, les signes des nombres, la méthode si féconde et si simple de les multiplier en raison décuple par leur juxtà-position, les moulins à vent, les moulins à eau, la navette, le métier à bas, etc. ? Les noms de ces bienfaiteurs du monde nous sont inconnus. Il me semble que la difficulté, la rareté d'un genre d'esprit, d'un genre de talent, entrent pour beaucoup dans l'appréciation qu'on en fait. Helvétius le nie formellement, mais ne le prouve pas. Il oublie que les hommes sont disposés à admirer ce dont peu de gens sont capables, et ce qui en effet exige des facultés au-dessus du commun. Les hommes sensés estiment l'agriculture comme une profession utile et honnête, qui doit mener à sa suite l'amour des plaisirs naturels, et l'innocence des mœurs ; mais ils sentiront que tout homme peut être laboureur, et qu'il n'est pas donné à tout le monde d'être un bon administrateur, un bon général d'armée, un grand orateur, un grand poëte, un grand artiste; et parmi les différens talens qui ont pour but immédiat, les uns l'utile, et les autres l'agréable, mais qui sont susceptibles de mêler jusqu'à un certain point l'un et l'autre, il n'est pas bien sûr que le degré d'utilité détermine toujours celui de l'estime. Helvétius allègue en preuve la préférence que l'on donne communément à l'art militaire sur la poésie, et il prétend que si l'on ne considérait que la difficulté, il faudrait porter un jugement contraire. Mais d'abord comment peut-il prononcer si affirmativement sur ce point, lui qui ne croit pas qu'on puisse décider s'il y a moins de combinaisons fines et neuves dans le manège d'une coquette, que dans la tête d'un législateur, et si Ninon, sous ce point de vue, avait moins d'esprit que Solon? D'où peut-il savoir que le plan d'une campagne et le commandement d'une armée exigent moins d'idées lumineuses, moins d'apperçus justes et vastes que la composition d'une belle tragédie? Est-il bien vrai que la préférence accordée au grand général n'ait d'autre fondement que le besoin qu'on en a? Si cela était, sa gloire baisserait après sa mort, et le poëte dont les ouvrages donnent un plaisir durable de siècle en siècle, serait bientôt mis au-dessus de lui. Cependant je ne vois pas que l'on mette encore Virgile au-dessus de César, ni Corneille au-dessus de Turenne. Je conviens, avec Helvétius et Cicéron, qui l'avait dit avant lui, que la fortune réclame sa part des succès militaires, et que le soldat et l'officier entrent aussi en partage avec le général, au lieu que la gloire de l'écrivain et du poëte est incommunicable, est toute entière à lui. Mais si, malgré cette différence, l'administration semble se décider assez généralement en faveur du grand capitaine, ne serait-ce pas en raison des facultés rares qu'il doit rassembler, et dont la réunion nous étonne? Je n'ai pas besoin de les détailler : il faudrait répéter ce qu'ont dit cent fois les historiens, les orateurs, les tacticiens; mais en les lisant, on comprend fort bien, même sans avoir étudié l'art militaire, que ceux qui l'ont possédé dans un degré éminent, aient donné aux hommes la plus haute idée de ce qu'un homme pouvait faire.

Je n'ai pas oublié ce que disait Frédéric

à d'Alembert : *J'aimerais mieux avoir fait Athalie que la guerre de sept ans.* Mais ce mot ne prouve autre chose que cette disposition assez commune, d'attacher plus de prix à ce qu'on prétend qu'à ce qu'on a. Le roi de Prusse était général et aurait voulu être poëte. Il est vrai qu'on ne cite point de poëte célèbre qui ait desiré d'être autre chose que ce qu'il était ; mais c'est peut-être que les poëtes sont plus vains que les autres hommes, et il faut bien le leur pardonner. Cette vanité là ne fait de mal à personne et leur fait beaucoup de bien ; et dans la légion de démons dont il faut être possédé pour faire un métier comme celui des bons vers, il est juste de laisser place au démon de la vanité.

Ce n'est pas que je regarde la poésie comme un art inutile et frivole en lui-même : je ne suis pas capable de ce blasphême. Je ne fais nul cas de la boutade de Malherbe, qui disait qu'*un bon poëte n'était pas plus utile à l'Etat qu'un bon joueur de quilles.* J'en conclus seulement que Malherbe, tout occupé de cadencer des mots et des rimes, n'était pas assez éclairé pour savoir lui-même quel service il rendait, en hâtant les progrès de la langue, qu'il contribuait à épurer. Ceux qui mettent chaque chose à sa place dans l'ordre social et politique, et qui en connaissent les relations et les dépendances, reconnaîtront toute l'importance du service que nous ont rendu les grands écrivains, et que rendent encore ceux qui nous restent, les premiers en établissant dans l'Europe le règne de notre langue, les autres en le perpétuant. Il faudrait avoir bien peu réfléchi pour ne pas en appercevoir toutes les influences; et les gens de lettres, n'eussent-ils pas fait d'autre bien, mériteraient encore de la considération et de la reconnaissance. La poésie dramatique sur-tout ne sera jamais une chose indifférente aux yeux de la saine politique. Il serait facile de faire voir, sous plus d'un rapport, que ses effets bien connus et bien dirigés ne sont rien moins qu'étrangers à la chose publique. Ce n'est pas en vain qu'on rassemble journellement les citoyens à un spectacle qui élève leur ame et éclaire leur esprit, leur donne l'habitude des grands sentimens et des grandes pensées, la haine du crime et le mépris du vice, et les rend témoins à tout moment du pouvoir de l'opinion.

Les noms des grands poëtes ajoutent à la gloire de leur pays ; ils ne servent pas peu à l'étendre chez les autres nations, et cet éclat de renommée est une partie de la considération nationale, l'un des grands avantages politiques d'un Etat, méconnus, comme tous les autres, par nos législateurs *révolutionnaires.*

Il y a eu tel étranger qui a laissé à Paris cinq ou six millions, et ce qui l'y avait principalement attiré et retenu, c'était le desir de voir nos chef-d'œuvres joués par un Lekain et une Clairon. Voltaire a dit :

Le superflu, chose très-nécessaire,

Et l'on peut dire en économie politique, avec tout autant de vérité,

Que l'agréable est chose très-utile.

Mais il n'est pas moins vrai que la plûpart des gens qui estiment la poésie, en jugent indépendamment de toutes ces considérations, et seulement par le plaisir qu'elle leur fait, par l'admiration qu'inspire la difficulté vaincue, et par l'excellence des ouvrages. Souvent cette seule espèce de supériorité prévaut sur l'importance du genre; et il n'y a point d'homme de goût qui n'aimât mieux avoir fait une douzaine des inutiles mais charmantes bagatelles de Chaulieu, que les tragédies de la Grange et de Campistron.

Il y aurait beaucoup d'autres erreurs à poursuivre dans les ouvrages d'Helvétius ; mais je me borne ici aux plus importantes : quelques-unes même de celles-ci se trouveront ailleurs, parce qu'il n'est pas le seul qui les ait soutenues. En voici deux qu'il n'est pas possible de passer sous silence : elles offensent trop directement la nature. « Le » remords n'est que la prévoyance des » peines physiques auxquelles le crime » nous expose : le remords n'est par » conséquent en nous que l'effet de *la* » *sensibilité physique*.... L'expérience » nous apprend que toute action qui ne » nous expose ni aux peines légales ni » au déshonneur, est en général une » action toujours exécutée sans remords. » Un homme est-il sans crainte, est-il » au-dessus des loix ? C'est sans repentir » qu'il commet l'action mal-honnête qui » lui est utile. »

Je réponds affirmativement, par la preuve de fait qui est sans réplique : l'expérience de tous les pays et de tous les siècles atteste tout le contraire de ce que vous dites. L'histoire est pleine de témoignages qui déposent de la puissance du remords, même dans des hommes qui ne pouvaient craindre aucune autre peine. Il serait superflu de citer : chacun peut se rappeler ce qu'il a lu, depuis l'histoire de Tibère jusqu'à celle de Louis XI. J'ajoute que laissant même à part les grands crimes, chaque homme n'a qu'à se consulter lui-même, et se demander s'il n'a pas été en secret mécontent de lui, quand il a senti qu'il était injuste. Je ne dis pas que le remords suive toujours l'injustice : la passion ou le préjugé qui nous la fait commettre, peut nous la faire méconnaître ; mais quand la passion et le préjugé se taisent, le remords parle. Quelles sont les preuves que l'auteur apporte du contraire ? L'exemple des tyrans d'Asie qui accablent leurs sujets d'impôts, et des inquisiteurs qui font brûler les hérétiques : les uns et les autres, dit-il, sont sans remords. Je le crois. Mais qui ne voit que ces deux cas rentrent dans l'exception que j'ai faite ? Dès que vous supposez l'esprit aveuglé, la conscience est muette, et c'est-là le plus grand danger de l'ignorance et de l'erreur. Le despote d'Asie se croit maître de la vie et des biens de ses sujets : il se joue de l'un et de l'autre : il est conséquent. L'inquisiteur croit servir le ciel et la religion, en exterminant ceux qui ne pensent pas comme lui : il est conséquent. On sait la réponse de ce furieux Ligueur, au lit de la mort, à son confesseur qui s'étonnait de ce qu'il ne lui parlait pas de la S. Barthélemy, où il avait été du nombre des assassins : *Je regarde au contraire cette journée comme une expiation de mes péchés*. Que prouve cette réponse, si ce n'est que le fanatisme, comme le despotisme, peut corrompre jusqu'à la conscience? Et que prouve l'étonnement du ministre de la religion, si ce n'est que la religion n'est rien moins que le fanatisme? Nous ne pouvons juger que par le rapport de nos idées, et quand une religion pervertie, ou une mauvaise éducation, ou une philosophie erronée ont faussé nos idées, nos jugemens ne sauraient être droits; et la conscience n'est que le jugement que nous portons sur nous-mêmes. Mais remarquez pourtant que dans les deux premiers sens, celui qui se trompe reconnaît encore l'idée de justice, et que son erreur n'est que cette même idée mal appliquée. Ce

Ligueur aurait avoué qu'il n'était pas permis d'égorger son prochain ; mais il vous aurait dit qu'il étoit juste de tuer, n'importe comment, les ennemis de la religion, qui n'étaient pas son prochain. D'ineptes casuistes avaient décidé, dans des siècles d'ignorance, qu'on n'était pas tenu de garder la foi aux hérétiques. La passion n'est pas difficile dans le choix des autorités; et ce Ligueur disait : je dois en croire les docteurs de la loi : j'ai donc fait une bonne action. L'Inquisiteur, le Sultan, le Pacha feront le même raisonnement. Aucun d'eux ne vous dira : je sais que je suis injuste et je veux l'être; mais l'un dira en parlant de sa victime : n'est-il pas hérétique? et les autrès : nest-il pas mon esclave ? Il n'y a que l'athée qui dira : « Que me parlez-» vous du *juste* et de l'*injuste*? je ne vous » comprends pas; je ne comprends que » ce qui est de mon *intérêt;* il est ma loi.»

Le second passage fait encore plus de peine à citer : « L'homme hait la dépen-» dance. Delà peut-être *sa haine* pour » ses père et mère, et ce proverbe fondé » sur une observation commune et cons-» tante : *L'amour des parens descend* » *et ne remonte pas.* »

La haine pour ses père et mère ? Oui,

ce sont les propres termes de l'auteur. Je ne sais si l'on a jamais rien écrit de plus révoltant. Ne dirait-on pas, à la tournure affirmative et générale de cette phrase, qui n'est ni précédée, ni accompagnée, ni suivie d'aucune restriction, que la *haine des enfans pour leurs père et mère* est un fait universellement reconnu, une espèce de donnée en morale, dont il ne s'agit plus que de trouver l'explication? C'est *peut-être*, dit l'auteur, *que l'homme hait la dépendance*. L'homme ne hait pas tant la dépendance que l'injustice, et sur-tout cette dépendance que les besoins de l'enfance rendent nécessaire, et qu'il ne tient qu'aux parens de rendre si douce, ne suffirait pas pour expliquer un sentiment aussi contraire à la nature que la *haine* pour ses père et mère, s'il était vrai que ce sentiment fût commun; mais heureusement rien n'est plus faux. Cette *haine*, s'il est possible de répéter cet horrible mot, peut avoir lieu tout au plus dans l'un de ces deux cas, ou d'une extrême injustice de la part des parens, ou d'une extrême perversité dans les enfans; et l'on m'avouera que les extrêmes sont rares en ce genre. Le proverbe est pris

pris dans un sens odieusement exagéré. Il signifie simplement, ce qui est vrai en général, que l'amour des père et mère pour leurs enfans surpasse celui des enfans pour leurs père et mère, et cette disproportion est dans la nature. Il fallait pour enchaîner les pères et mères à tous les soins dont dépend la conservation des enfans, que le sentiment paternel et maternel fût de la plus grande énergie possible ; aussi n'en connaît-on point de plus fort et de plus puissant, non-seulement dans l'homme, mais dans les animaux : c'est une prévoyance de la nature qui veillait à l'unique moyen de la conservation des espèces. Dans l'homme, ce sentiment plus durable, parce que l'enfance en a plus long-temps besoin, est encore fortifié par plusieurs autres sentimens, par l'habitude prolongée des soins, des secours et des caresses, par les progrès de l'éducation, par le charme du premier âge, par l'intérêt attaché aux développemens successifs des organes de la vie et des facultés de la raison, par l'attrait de l'espérance, enfin par le plaisir de revivre dans un autre soi-même, et par l'amour-propre qui se mêle à toutes nos jouissances. Rien de tout cela dans les enfans : il faut même que leur raison soit assez avancée pour leur apprendre tout ce qu'ils doivent de reconnaissance à leurs parens : au moment où ils en reçoivent les plus grands bienfaits, ils ne peuvent pas en sentir le prix. Il est donc naturel que leur amour pour leurs parens soit inférieur à celui que leurs parens ont pour eux. Mais de cette disproportion dans l'amour, il y a encore bien loin jusqu'à la haine : l'une est dans la nature, et l'autre est dénaturée. Il y a sans doute de mauvais enfans, mais il y a aussi de mauvais parens, et la dureté et la tyrannie peuvent affaiblir les sentimens les plus chers. Il est pourtant fort rare, (je le répète sans crainte d'être démenti par quiconque aura bien observé) il est fort rare que l'altération de ces sentimens aille jusqu'à la haine, et les prodiges d'amour filial sont aussi fréquens dans l'histoire que ceux de l'amour paternel et maternel.

Le plus funeste effet de ces calomnieux paradoxes, c'est qu'en les lisant, le fils ingrat croit pouvoir se dire qu'il est comme les autres hommes. Est-ce donc dans les livres des philosophes que des monstres doivent trouver une justification ?

Je ne m'arrêterai point sur l'ouvrage intitulé *de l'Homme*, dont le résultat général est le même que celui de l'Esprit : le second n'est que le commentaire du premier. Ce qu'il y a de vrai dans ce que dit l'auteur, que le premier objet de tout gouvernement est de lier chaque citoyen à l'intérêt public par son intérêt particulier, est connu et senti, depuis qu'il y a des gouvernemens, quoique l'application en soit plus ou moins imparfaite, comme elle le sera toujours dans la pratique. Mais loin de croire avec lui que le ressort le plus puissant de cet *intérêt* soit le plaisir physique, je pense que celui-ci doit dominer surtout avec tous les vices d'un gouvernement arbitraire, qui ne laisse guères d'autre ressource ; et que dans un gouvernement légal, qui tend à tirer de chaque citoyen tout le parti possible, en lui assurant tous ses droits, il faut surtout décréditer le luxe et la mollesse, qui auront toujours par eux-mêmes assez d'empire, et élever l'honneur et l'opinion qui ne sauraient en avoir trop.

C'est ce que n'a pu voir Helvétius, qui n'admettait point le moral de l'homme, et qui fermant l'oreille aux leçons de tous les siècles, oubliait ou ignorait qu'il y a tel degré de sociabilité, où le moral est dans l'homme cent fois plus puissant que le physique.

Il semble ne connaître rien de plus merveilleux en législation, que de faire de la plus belle femme la récompense du plus brave guerrier et du meilleur citoyen. Quoique cette coutume paraisse avoir été connue dans quelques petites républiques, s'il faut en croire des traditions assez incertaines, ce n'est pas moins une idée purement romanesque. Il n'est ni d'un philosophe, ni d'un politique de mettre en théorie ce qui n'est pas moralement susceptible d'exécution. Quand cette idée serait bonne, ce que je ne crois point du tout, nos mœurs, je dis celles de toutes les nations civilisées, la rendraient inadmissible. Elle n'est pas même conséquente dans la nature des choses; car ce n'est pas la plus belle femme qui est une récompense, c'est la femme qu'on aime et dont on est aimé. Or comment faire entrer ces conditions éventuelles dans une disposition légale? J'oserai ajouter, sans croire manquer aux femmes, qu'il ne faut pas les montrer au premier rang à des hommes qui ne peuvent mériter d'être libres, qu'en mettant au-dessus de tout la patrie, le devoir et l'honneur.

Je crois devoir rapporter un passage remarquable de la préface du livre *de l'Homme* : « Ma patrie a reçu enfin le
» joug du despotisme : elle ne produira
» donc plus d'écrivains célèbres. Le
» propre du despotisme est d'étouffer la
» pensée dans les esprits et la vertu dans
» les cœurs. Ce n'est plus sous le nom
» de Français que ce peuple pourra de
» nouveau se rendre célèbre ; cette nation
» avilie est aujourd'hui le mépris de
» l'Europe : nulle crise salutaire ne lui
» rendra la liberté ; c'est par la con-
» somption qu'elle périra : la conquête
» est le seul remède à ses malheurs. »

Il se présente plus d'une observation sur ce passage. D'abord il est visible que ces premiers mots, *ma patrie a enfin reçu le joug du despotisme*, ne peuvent absolument se rapporter qu'à la dissolution des corps de magistrature en 1771, événement qui précéda d'un an la mort d'Helvétius ; d'où il suit qu'il ne datait *le despotisme* en France que de cet événement, puisqu'il ne pouvait pas croire, sans contredire ici ses propres paroles, que tant de grands écrivains, depuis Corneille jusqu'à Voltaire, étaient nés sous *le despotisme.* Il n'était donc nullement de l'avis de nos grands publicistes de révolution, qui voulaient, sous peine de la vie, que *la royauté, le despotisme, la tyrannie* fussent des mots synonymes, et qui par conséquent auraient, pour cela seul, massacré Helvétius, quoiqu'ils aient marqué de son nom la rue où il est mort, sorte d'honneur dont il pourrait bien n'être pas très-flatté, en voyant les nouveaux noms de beaucoup d'autres de nos rues. Au reste, s'il eût vécu jusqu'à ces derniers temps, il avait bien d'autres titres pour ne pas échapper à la proscription de ceux qui ont fait son apothéose; et tout le matérialisme de son livre n'aurait pu balancer le double crime de sa fortune et de sa réputation.

Ensuite il se trompait en regardant le despotisme comme établi en France, par la violence passagère exercée envers les parlemens. C'était, sans doute, un acte arbitraire, aussi contraire à la saine politique qu'à toutes les loix; et nous avons vu qu'une opération à-peu-près semblable et non moins illégale, fut en 1788 une des causes prochaines de la révolution. Mais dès le temps où Helvétius écrivait sa préface, il n'était pas difficile de prévoir le retour des parlemens plus ou moins éloigné, mais à-peu-près infaillible. L'on sait que si Louis XV eut vécu plus long-temps, il les aurait rappelés comme Louis XVI ; et il était difficile que ce rappel n'ajoutât pas, comme nous l'avons vu, à leur pouvoir et à leur influence. Dans la situation des choses et des esprits, il y avait certainement plus de tendance à la diminution qu'à l'accroissement du pouvoir royal, déja moins absolu que sous Louis XIV, et qui avait reçu plus d'une atteinte dans les mains de son successeur. Cette opinion était celle de tous les hommes éclairés ; d'où je conclus que les vues d'Helvétius en politique n'étaient pas plus justes qu'en philosophie.

Ce qu'il dit de la nation française, à cette même époque de 71, qu'elle était *le mépris de l'Europe*, est trop vrai. La dernière guerre et la paix qui la suivit, également désastreuses et humiliantes, et les luttes continuelles du ministère contre la magistrature, où l'autorité toujours compromise avait toujours contr'elle l'opinion publique, le désordre des finances, et les dernières années du monarque flétries de toute manière, autorisaient assez ce jugement de l'auteur et de l'Europe. Mais l'histoire attestera ce qu'il n'a pu voir, que sous le règne suivant, après la guerre de l'Amérique, la France avait repris toute sa consistance politique, et se trouvait encore à portée de tenir la balance de l'Europe, jusqu'au moment où elle abandonna la Hollande à l'invasion des Prussiens. Ce fut le premier acte de faiblesse qui manifesta aux étrangers cette pénurie du trésor, ce défaut de moyens pécuniaires qui relâche tous les ressorts d'un gouvernement. Toutes les autres fautes commises depuis, bien loin d'être celles du despotisme, ont été celles de la faiblesse : c'est ce que l'histoire seule mettra au grand jour; mais ce qui est dès ce moment à la connaissance de tous ceux qui ont réfléchi.

Helvétius assure que *nulle crise salutaire ne rendra la liberté à la France* : il ne dit pas, *ne donnera*, il dit, *ne rendra*. Nous avons eu une *crise* horrible : il se peut qu'elle devienne *salutaire*; et comme je ne me mêle pas d'être prophète à la façon d'Helvétius, j'attends, j'espère, et n'affirme rien. — *C'est par la consomption qu'elle périra*. Cela était possible, sans la révolution : aujourd'hui cela est peu vraisemblable. Quand on a appliqué le fer et le feu à un corps malade, comme ils ont été appliqués à la France, ou il meurt de ses plaies, ou il redevient sain et fort. C'est là le côté favorable et consolant de la révolution, et vous voyez que je ne la considère pas toujours par le mal qu'elle a fait. Mais il faut en bien sentir tout le mal, pour en tirer le bien possible, et c'est ce que tout le monde ne sait pas. Quiconque la justifie ou l'excuse en elle-même, ne méritait pas d'en avoir une autre.

— « La conquête est le seul remède » à ses malheurs. » —

J'avoue que je ne vois aucun sens dans cette phrase : je ne sais pas à quoi *la conquête* pouvait remédier. Toute *conquête* amène d'ordinaire un gouvernement plus absolu que celui qu'elle renverse, et même un régime à peu près militaire, sur-tout dans un État aussi grand que la France, qui ne peut guères être contenu que par une grande force, et toute force étrangère est naturellement plus ou moins oppressive. De plus, *la conquête* d'un pays tel que la France, pouvait-elle être au nombre des chances calculables en bonne politique? Je ne le crois pas, et peu de gens le croiront. Mais la France a été *conquise* en effet de la seule manière qu'Helvétius ne prévoyait pas, ni lui, ni personne : elle l'a été par les brigands *révolutionnaires*, et le monde a vu une nouvelle espèce de *conquête*. Il a vu le rebut de toutes les classes de la société et surtout de la dernière, s'échappant des galetas, des tavernes, des cachots, des bagnes et des gibets, désarmer, asservir et égorger, au nom de la *philosophie*, tous les ordres de citoyens qui se sont laissé faire, et dont les uns n'y comprennent encore rien, et les autres trouvent la chose toute simple. Mais de quelque manière qu'on explique cette étrange *conquête*, jusqu'ici je ne vois pas (humainement parlant et dans le sens d'Helvétius) *à quels malheurs elle a remédié.*

Il est plus aisé d'expliquer l'espèce de fortune qu'a pu faire un aussi mauvais ouvrage que le livre de l'Esprit, et la réputation qu'il a value à son auteur ; et c'est par où je dois finir. Premièrement, Helvétius, au moment où il publia son livre, avait beaucoup de titres à l'indulgence et même à la faveur. C'était un homme du monde, ce qui signifiait beaucoup alors, et le séparait de la classe des gens de lettres, pour qui seuls la sévérité était de règle et d'usage. Son nom, son état et ses entours lui assuraient beaucoup de lecteurs, particulièrement de ceux qui se connaissaient le moins aux matières qu'il avait traitées. La partie philosophique, celle qui tient le moins de place dans son livre, avait là fort peu de juges ; et généralement peu de lecteurs se souciaient qu'il eût tort ou raison dans sa métaphysique, ou s'occupaient beaucoup de la comprendre. Ce qui était attrayant pour tout le monde, c'était la nouveauté des paradoxes, genre de séduction très-puissant sur les esprits français ; et comme il appliquait ces paradoxes à tous les objets d'une morale usuelle et d'une pratique de tous les jours, quantité de lecteurs, sans s'embarrasser de l'examen des principes, étaient frappés des conséquences, qui n'étaient que trop claires, et d'autant plus susceptibles d'être avidement saisies, qu'elles flattaient toutes les passions, dégradaient toutes les vertus et préparaient une excuse à tous les vices. Aussi puis-je affirmer dès ce moment ce que l'examen de tous les *philosophes* de la même espèce mettra dans le plus grand jour; que le premier moyen et le plus puissant qu'ils aient employé pour avoir beaucoup de lecteurs et faire beaucoup de prosélytes, a été de mettre toutes les passions de l'homme dans les intérêts de leur doctrine. Voilà en deux mots, qui pour le moment doivent suffire, la base de tous leurs systèmes, l'esprit général de leur secte, et le principe de leurs succès. Ce que j'ai mis sous vos yeux du livre de l'Esprit, est déja une preuve assez forte de ce que j'avance. D'autres circonstances en augmentèrent la vogue, et empêchèrent qu'on ne la traversât. La magistrature et l'église prirent l'allarme. L'auteur fut poursuivi juridiquement; on exigea une rétractation, et il la donna. J'oserais blâmer également et les autorités qui l'exigèrent et l'auteur qui s'y soumit. Je n'examine pas ici quelle espèce d'animadversion le gouvernement, quel qu'il soit, peut employer contre les écrits qui attaquent les fondemens de l'ordre social et propagent des doctrines perverses. Mais, dans aucun cas, on ne peut agir sur l'opinion intérieure, et c'est la violenter que d'imposer une rétractation, qui par cela même qu'elle est nécessitée, n'est plus d'aucune valeur. On sent bien que je raisonne ici en politique humaine; et la rétractation ordonnée par l'autorité ecclésiastique, et si édifiante dans le grand Fénélon qui s'y soumit, n'a rien de commun avec celle que le parlement de Paris imposait à Helvétius. L'église, pour tout chrétien, parle au nom du Dieu qui l'a fondée et qui l'inspire, et son autorité toute spirituelle ne s'exerce que sur le dogme, et ne s'adresse qu'à ceux qui la reconnaissent. Elle peut donc défendre à ses ministres, à ses enfans, de professer une autre doctrine que la sienne. Mais aucun tribunal séculier ne peut forcer un écrivain de dire : ma philosophie ne vaut rien, et je la rétracte. Ce désaveu, s'il a lieu, doit toujours être pleinement volontaire; doit toujours être uniquement celui de la raison convaincue et de la conscience éclairée. On ne vit dans celui qui fut juridiquement prescrit à

Helvétius, qu'un abus de l'autorité, une violence, une persécution, et dès-lors on fut plus porté à le justifier, et l'on se fit un scrupule de le combattre. Rousseau, entr'autres, refusa d'écrire contre lui, et ce refus délicat lui fait d'autant plus d'honneur, qu'il laisse voir assez dans ses ouvrages son aversion pour ce qu'il appelle ces *désolantes doctrines*, qui en effet ne pouvaient que *désoler* l'homme de bien, plein du sentiment de sa nature et de ses devoirs, et qui bientôt devenues le catéchisme de l'ignorance armée, ont fini par *désoler* la terre.

Au reste, le matérialisme et l'athéisme ne sont jamais entrés dans les erreurs de Rousseau : les siennes ont été d'un autre genre, et non pas moins pernicieuses. Il semble que *la philosophie* moderne ait réuni toutes les extravagances dont l'esprit humain était capable : aussi, par une conséquence nécessaire, la révolution qu'elle a opérée dans ce siècle, a réuni tous les crimes et tous les maux dont l'espèce humaine était susceptible.

Rousseau dans ses lettres parle d'ailleurs, avec de grands éloges, du style d'Helvétius. Voltaire dont le goût était plus sévère, n'estimait pas plus en lui l'écrivain que le philosophe. Cette opinion perce même dans ses écrits, malgré les ménagemens qu'il accordait à ses anciennes liaisons avec l'auteur. Il se gênoit beaucoup moins dans la société, et j'ai vu sur les marges du livre de l'Esprit la censure exprimée souvent avec le ton du plus grand mépris. Il dut sentir mieux que personne les défauts que l'auteur pouvait avoir comme écrivain; mais on voit aussi que dans son jugement, il entrait beaucoup de cette humeur qui ferme les yeux sur le mérite. Il était blessé qu'Helvétius l'eût confondu dans son livre avec Crébillon. Juger ainsi, montrait trop peu de goût dans Helvétius, et s'en souvenir ainsi, trop de petitesse dans Voltaire. On a vu dans le commencement de cet article, qu'Helvétius ne me paraissait point méprisable comme écrivain; mais je ne suis pas moins éloigné de ceux qui en ont voulu faire un écrivain supérieur. Un esprit généralement superficiel et faux ne peut être supérieur en aucun genre; et si le sophiste Helvétius ne peut avoir aucun rang dans la classe des vrais philosophes, il n'a de plus rien qui lui en donne un particulier parmi les écrivains de la seconde classe.

Le livre de l'Esprit ne laissa pas de trouver, dans sa nouveauté, des contradicteurs qui réfutèrent sa métaphysique erronée et sa morale illusoire; mais leurs écrits ne furent que des brochures éphémères, que le seul mérite d'avoir raison dans des matières abstraites ne pouvoit pas soutenir, comme le sien se soutenait par l'agrément des détails et le piquant des paradoxes. Les censures passèrent, et le livre resta comme ouvrage agréable, plutôt que comme ouvrage philosophique, et plus lu en France qu'estimé des étrangers. A la mort de l'auteur, la secte des athées qui se renforçait tous les jours, affecta de lui prodiguer tous les honneurs d'usage et d'en faire un des saints de *la philosophie*. Mais ce fut à l'époque où la révolution consacra l'impiété, que l'on se servit, avec plus d'éclat, du nom d'Helvétius, qui devint alors *un sage révolutionnaire*, au même moment où tous les grands hommes de la France furent

furent déclarés *fanatiques*. Nous avons eu tous nos illusions, plus ou moins, dans le vertige épidémique, et je n'ai pas dissimulé les miennes : celle-là n'a jamais été du nombre. Je n'ai pas cessé de révérer les vieilles statues, quand on les a renversées : je voyais sur leurs bases la trace des siècles, et je n'ai pas douté qu'elles ne résistassent à l'injure passagère du nôtre, comme je n'ai pas douté que quelques hommes tristement fameux ne finissent bientôt par l'exhumation, précisément parce qu'on les avait menés jusqu'à l'apothéose; et c'est ainsi que même dans l'ordre naturel le dernier terme du mal est le premier du bien.

Lorsqu'en 1788 je repoussais ici les sophismes d'Helvétius par les mêmes argumens, cette démonstration, quoiqu'elle parût sensible, ne produisit pas à beaucoup près la même impression qu'aujourd'hui. C'est qu'on n'y voyait encore que des erreurs de spéculation, que l'on croyait assez indifférentes. Mais depuis que ce qui semblait un jeu d'esprit est devenu, suivant l'expression heureuse d'un orateur étranger, *une doctrine armée*, on a senti toute la perfide subtilité de cette espèce de poison, après les déchiremens et les convulsions qui en ont été la suite. Vous avez jugé par la grandeur du mal, de la nécessité des remèdes, et l'expression de vos suffrages n'a été que le sentiment de nos maux.

FIN.

NOTE des Ouvrages imprimés chez MIGNERET, *rue Jacob*, N.° 1186, *dont il lui reste un petit nombre d'exemplaires.*

Le Salut public, ou la Vérité dite à la Convention, par Laharpe,	1 l. 10 s.
Acte de garantie pour la liberté individuelle, la sûreté du domicile, et la liberté de la presse, in-8, par le même,	
Oui ou Non, in-8, par le même,	6 s.
La Liberté de la Presse, défendue par Laharpe, contre Chénier, in-8,	10 s.
De la Guerre déclarée par nos derniers Tyrans, à la Raison, à la Morale et aux Arts, in-8, par le même,	1 l.
De l'Etat des Lettres en Europe, depuis la fin du siècle qui a suivi celui d'Auguste, jusqu'au règne de Louis XIV, in-8, par le même, 2.e édition,	1 l. 5 s.
Du Fanatisme dans la Langue révolutionnaire, ou de la persécution suscitée par les Barbares du dix-huitième siècle, contre la Religion chrétienne et ses Ministres, in-8, par le même, 3.e édit.	2 l 5 s.
Les Ruines ou Voyage en France, par Adrien Lezay, in-8, 4.e édition,	1 l. 5 s.
Qu'est-ce que la Constitution de 95 ? par le même, in-8,	1 l. 5 s.
Recueil des Opinions de Stanislas de Clermont-Tonnerre, 4 vol. in-8, brochés,	15 l.
Analyse raisonnée de la Constitution de 91, par le même, in-8, broché,	2 l. 10 s.
Essai historique sur la dissolution et le rétablissement de la Monarchie Anglaise, in-8, broché,	2 l.
Opinion du citoyen Chauveau-Lagarde, sur la réélection forcée des deux tiers de la Convention nationale à la législature, prononcée le 22 fructidor, an 3, dans l'assemblée primaire de la section de l'Unité.	8 s.
Extrait de l'Essai sur les Loix des Bâtimens, par Madin, Architecte, in-8, broché,	1 l. 10 s.
Mémoire sur la situation de Saint-Domingue, en 1792, brochure in-8, imprimée en 1796,	1 l. 5 s.
Appel à mes Concitoyens, par un jeune homme en âge de réquisition, broch. in-8,	15 s.
Code de Morale, broch. in-8,	10 s.
Adresse du citoyen Vauvilliers, aux citoyens Hervé, Capitaine-rapporteur au Conseil de guerre, et Auvry, Directeur du Jury, à *Versailles*, *broch. in-8*,	8 s.
Plaidoyer sur l'incompétence du Conseil de guerre permanent, prononcé le 27 ventose, an 5, par Chauveau-Lagarde, brochure in-8.	10 s.
Les Plantes, poëme en 4 chants, brochure in-8,	2 liv.

www.ingramcontent.com/pod-product-compliance
Lightning Source LLC
Chambersburg PA
CBHW072103080426
42733CB00010B/2194